RODRIGO CONSTANTINO

AUTOBIOGRAFIA DE UM GUERREIRO DA LIBERDADE

RODRIGO CONSTANTINO

AUTOBIOGRAFIA DE UM GUERREIRO DA LIBERDADE

PREFÁCIO POR
Salim Mattar

LVM
EDITORA

SÃO PAULO
2023

Copyrigth© 2023 – Rodrigo Constantino

Os direitos desta edição pertencem à LVM Editora, sediada na
Rua Leopoldo Couto de Magalhães Júnior, 1098, Cj. 46 - Itaim Bibi
04.542-001 • São Paulo, SP, Brasil
Telefax: 55 (11) 3704-3782
contato@lvmeditora.com.br

Gerente Editorial | Chiara Ciodarot
Editor-chefe | Pedro Henrique Alves
Editora assistente | Georgia Lopes Kallenbach Cardoso
Revisão | Adriano Barros
Preparação de texto | Pedro Henrique Alves
Capa | Mariangela Ghizellini
Projeto gráfico | Mariangela Ghizellini
Diagramação | Décio Lopes

Impresso no Brasil, 2023

Dados Internacionais de Catalogação na Publicação (CIP)
Angélica Ilacqua CRB-8/7057

C774r   Constantino, Rodrigo

Rodrigo Constantino: um guerreiro das ideias liberais: autobiografia /
Rodrigo Constantino. – São Paulo: LVM Editora, 2023.
192 p.

ISBN 9978-65-5052-106-6

1. Jornalistas - Brasil - Biografia 2. Escritores - Brasil - Biografia
3. Constantino, Rodrigo - Autobiografia 2. Ciências sociais I. Título

23-4009   CDD 920.5

Índices para catálogo sistemático:

1. Jornalistas – Brasil - Biografia

Reservados todos os direitos desta obra.

Proibida a reprodução integral desta edição por qualquer meio ou forma,
seja eletrônica ou mecânica, fotocópia, gravação ou qualquer outro meio
sem a permissão expressa do editor. A reprodução parcial é permitida, desde
que citada a fonte.

Esta editora se empenhou em contatar os responsáveis pelos direitos autorais
de todas as imagens e de outros materiais utilizados neste livro. Se porventura
for constatada a omissão involuntária na identificação de algum deles,
dispomo-nos a efetuar, futuramente, as devidas correções.

Sumário

Prefácio: Rodrigo Constantino.
Este é o nome!.................7

[1]   Juventude sem coração.................13

[2]   Mercado financeiro.....................19

[3]   Paulo Guedes mentor.................27

[4]   Um olavete escritor 35

[5]   Um austríaco tupiniquim.................45

[6]   Mecenas liberal 51

[7]   Jornalista cancelado 61

[8]   Fuga para os *States*.......................*67*

[9]   Casado com a loucura 83

[10]   Ovelha desgarrada......................89

[11]   O *Poker* da vida.........................97

[12]   Decepções...........................109

[13]   "Blogueiro bolsonarista"...............115

[14]   O muro da ditadura 127

[15]   Professor consta.......................133

[16]   Brasileiro não desiste nunca............137

[17]   Apêndice: Os mil livros 141

PREFÁCIO
Rodrigo Constantino. Este é o nome!

Salim Mattar[1]

Nenhum brasileiro ocupa um espaço tão bem delimitado como Rodrigo Constantino. Espaço próprio e estratégico, uma trincheira de verdades para combater a esquerda, os progressistas, os esquerdopatas, o politicamente correto, o coletivismo, as mentiras, as fake news, os políticos corruptos, o judiciário que extrapola suas funções e responsabilidades, o consórcio da imprensa colaboracionista e subserviente, os jornalistas vendidos e silenciosos, os colunistas pobres de

---

1. Empresário, apoiador da causa liberal no Brasil, participa do Instituto Liberal desde 1986 e atualmente ocupa a presidência do Conselho. Estudou administração na Fundação Universidade de Minas Gerais – FUMEC. Fundou o Instituto Liberal de Belo Horizonte e o Instituto de Formação de Líderes presente em 15 cidades e que se dedica a formar jovens em liderança, empreendedorismo, política e liberalismo. Também é um dos fundadores do Instituto Livre Mercado que apoia a Frente Parlamentar do Livre Mercado no Congresso Nacional com o objetivo de tornar melhores os projetos de lei. Como empresário, foi um dos fundadores da Localiza Rent a Car S/A e possui investimentos nos ramos de seguros, helicópteros de transporte para plataformas de petróleo e agronegócio.

espírito ou desinformados, emissoras de rádio e TV que, com raríssimas exceções, tudo fazem menos informar, o socialismo hipócrita defendido por ignorantes e simples desavisados, e por aí vai.

Rodrigo tem a capacidade de, como um cão farejador, encontrar onde a esquerda brota com suas falácias e entra em combate de peito aberto, com a coragem típica dos grandes guerreiros e heróis destemidos que arriscam tudo pelos seus ideais. "Ideais". Esta é a palavra que move Rodrigo dando-lhe uma força descomunal, provendo-lhe de sábias palavras para expressar um rápido raciocínio já muito bem estruturado através de profundo conhecimento acumulado pela leitura constante sobre os malefícios da esquerda e do socialismo. Aliás, Rodrigo é um leitor voraz e aprendeu rapidamente a memorizar aquilo que lhe interessa para o combate à esquerda e aos progressistas. E por outro lado possui uma capacidade única de colocar suas ideias no papel. Assim, já escreveu inúmeros livros de gratificante leitura como *Os pensadores da liberdade*, *Esquerda Caviar*, *Privatize já*, *Brasileiro é otário?*, *Confissões de um ex-libertário*, *Liberal com Orgulho*, *Uma luz na Escuridão* e muitos outros que expressam o seu pensamento lógico e contundente anti-esquerda, desmascarando as mentiras do socialismo e do progressismo. Rodrigo se debruça em seu teclado e liberta suas ideias num livro inédito em curto espaço de tempo. Para ele é tão fácil escrever quanto falar.

Constantino é um homem de coragem como poucos que conheci em minha vida. Se arrisca para defender seus ideais e tem sofrido consequências por isso; é um patriota, é sério, destemido e organizado em suas ideias de combate ao progressismo. Acredita tanto em seus ideais que as palavras fluem na mesma naturalidade com que respira. Ele não precisa pensar para falar ou responder. Acontece de forma natural sua enxurrada de palavras e frases bem elaboradas com o objetivo de destruir a falácia. Suas palavras são geradas pelo seu coração valente, mas cortam como uma navalha e são temidas pelos seus adversários. É por este motivo que poucos aceitam debater com ele. Rodrigo adora um debate e fala com propriedade e confiança, com certeza e conhecimento capaz de destruir o opositor já nas primeiras palavras. Ele estraçalha o debatedor oponente de forma educada e cuidadosa, disseca o assunto brilhantemente com dados e exemplos, não titubeia em seu raciocínio e fala de forma veloz para assim aproveitar melhor o tempo para desarmar o opositor. Sempre vence. Não me recordo de um debate sequer onde Rodrigo não tenha se saído melhor e deixando o debatedor oponente em vexame, desmoralizado e, às vezes, sangrando de vergonha.

Com a morte de Roberto Campos muitos acham que Rodrigo Constantino poderia ser um dos economistas que perpetuaria o legado deste grande homem. Por sua coragem foi cancelado, está morando nos Estados Unidos, suas contas bancárias foram bloqueadas, seus perfis nas redes sociais foram suspensos e ainda teve seu passaporte anulado. Podem confiscar seu passaporte, mas não podem lhe calar. Podem cancelar sua rede, mas não podem cassar seu direito de expressar-se livremente. Podem persegui-lo, mas não podem castrar suas ideias. Nestes tempos nebulosos e turbulentos com a democracia brasileira colocada em risco pela esquerda, pelos progressistas e pelas arbitrariedades da justiça brasileira Constantino foi uma das poucas vozes corajosas a se posicionar contra o que o *establishment* estava fazendo sob a falsa narrativa de "em defesa da democracia", desrespeitando a Constituição e extrapolando seus deveres e responsabilidades.

Rodrigo possui sólida bagagem acadêmica para se posicionar como o maior filósofo e economista defensor das liberdades individuais. Aqui neste livro ele nos brinda com uma espetacular relação de mil livros que lhe trouxeram conhecimento e formaram o seu caráter de cidadão liberal e defensor das liberdades individuais. Como afirmava antes, desde a partida de Roberto Campos há um vácuo no segmento liberal brasileiro onde, de formas diferentes, Rodrigo Constantino e Paulo Guedes já ocupam parte deste espaço contribuindo para o debate e defesa das ideias em prol do capitalismo e das liberdades.

Formado em economia pela PUC-RJ e com MBA em Finanças pelo IBMEC, Rodrigo inicialmente trabalhou no mercado financeiro. Foi Presidente do Conselho do Instituto Liberal e um dos fundadores do Instituto Millenium onde tomou gosto pelo debate intelectual e acadêmico das ideias liberais. Foi colunista das revistas Época, Voto, Isto É e Veja, e dos jornais Valor Econômico, O Globo e Zero Hora. Foi comentarista da Rede TV e Jovem Pan. Atualmente escreve para Gazeta do Povo e Revista Oeste. Recebeu o Prêmio Libertas no XXII Fórum da Liberdade por seu engajamento na defesa das liberdades.

Este curto espaço não é suficiente para descrever Rodrigo Constantino. Ele é único! Incansável!

Grande representante da causa liberal, é comprometido, engajado e não mede esforços para defender as ideias liberais e conservadoras. É capaz de passar horas a fio sem comer ou beber destrinchando uma ideia, lendo ou escrevendo um livro com a mais elevada motivação. Aliás, motivação é que não lhe falta, pois está sempre buscando novos projetos e desafios nos quais possa realizar dando sua contribuição para a divulgação e disseminação das ideias certas, que fazem sentido neste conturbado mundo com correntes progressistas. Todos nós de direita, liberais, conservadores, cristãos e judeus que defendemos o estilo de vida ocidental e as liberdades individuais temos por ele uma profunda gratidão.

Este é o Rodrigo Constantino defensor da direita, das ideias liberais e conservadoras que os esquerdistas detestam e se sentem amedrontados evitando debater diretamente com ele.

[1]
Juventude
sem coração

Se você não é de esquerda aos vinte, não tem coração; se você é de esquerda aos quarenta, não tem cérebro. A fala é atribuída a Winston Churchill, mas Roberto Campos também já a utilizou, entre outros. Ela é boa, pois captura com poder de síntese o fato de que, enquanto o esquerdismo seduz mais pelas emoções, o liberalismo clássico atrai pela razão e pela experiência de vida. Confesso que fui exceção. Eu jamais flertei com o esquerdismo. Será que não tive coração, que fui um jovem insensível?

Não era o caso. Sempre fui uma pessoa com sensibilidade e atenta aos outros. Cometi minha cota de maldades na infância, admito com vergonha, mas com sinceridade. No entanto, se os gatinhos não eram exatamente os meus *pets* favoritos – e um deles foi levado até um tanque para testar se gato não gostava de água mesmo –, as experiências científicas terminaram quando um amigo mirou com seu estilingue num pássaro – e acertou! Aquilo me abalou profundamente: qual o propósito de fazer algo tão cruel e sem sentido?

Revelo isso só para deixar claro que sim, eu tinha um coração no peito, "apesar" de não idolatrar Che Guevara – a turma que o fazia não tinha qualquer noção de quem fora esse porco assassino. Não fui de esquerda por outro motivo, portanto. E o antídoto veio de casa.

Meu pai foi uma criança pobre, mas estudioso e com valores morais decentes. Ralou muito para subir na vida, e conseguiu a sonhada estabilidade da classe média que tenta o setor público. Passou em concurso e trabalhava no Banco Central. Era já o orgulho da vovó Nilza. Mas ele queria mais. Abandonou a segurança pelo risco e foi trabalhar na iniciativa privada. Participou dos anos selvagens do começo do mercado financeiro no país, como operador de mesa numa corretora.

Dali ele foi crescendo por mérito pessoal e virou diretor. Numa crise da corretora em que trabalhava, vislumbrou a oportunidade de sua vida: comprá-la! Era um plano ousado. Faltava "só" dinheiro, pois coragem ele tinha. E a mulher certa: minha mãe, que vinha de uma família mais abastada, mas com suas próprias dificuldades – sua mãe morreu no parto, e seu pai, meu avô, acabou casando-se com outra mulher, tendo três filhos e se afastando da minha mãe, que acabou criada pelos avós dela – era uma professora de biologia. Não exatamente alguém com posses.

Sim, nessa época não tinha como evitar: ela era esquerdista por romantismo. Mas era também uma mulher de fibra e disposta a apostar no jovem marido ambicioso. Se ele acreditava mesmo naquele investimento, eles poderiam se endividar, e se precisassem viver na pobreza novamente, ela estaria ao seu lado. Meu pai, com essa força moral, encontrou o sócio perfeito, com dez anos a mais que ele, e eles conseguiram comprar a corretora.

Com vários solavancos que só quem conheceu aqueles anos selvagens entende, a corretora prosperou, virou banco de investimento, que depois acabou sendo vendido para os gringos. Eis o que alguns olhares de fora enxergam: tive um pai rico, uma moleza! Eis o que eu observava de dentro: o custo de chegar lá é enorme, exige tolerância ao risco, coragem e muito, muito trabalho.

Com todos aqueles planos econômicos, meu pai quase quebrou algumas vezes. Na era Collor foi por pouco, e lembro o grau de paranoia incutido nos filhos. Para poupar na conta de eletricidade, eu escutava um CD por dia no meu aparelho. Música sempre foi minha paixão, e minha grande coleção de CDs – uns seiscentos – era fruto do "pagamento" por ser o responsável pelas compras do supermercado. Eu ia com o motorista e metia um CD por vez, para ser diluído no total e passar despercebido...

Sim, meu pai me deu ótima condição material de vida, tive uma infância dourada, com casa fora, barco, tudo que poderia sonhar. Em alguns casos, uma vida assim pode levar a uma postura relaxada, típica de herdeiro. Avô rico, filho nobre e neto pobre, diz o ditado. Sem dúvida que contar com um porto seguro me permitiu, na minha jornada, ser um tanto "nobre" na luta por uma causa, um ideal. E, como veremos, essa retaguarda se mostrou necessária mesmo. Mas fui criado com muito rigor, valores sólidos, pressão intensa por resultados e busca por excelência. Quando eu tirava nota boa, meu pai dizia: "Não fez mais do que sua obrigação". Não tive moleza!

Mas o antídoto contra esquerdismo veio mais pelo contraste do que qualquer lição verbal paterna. Meu professor de História da sétima série (tinha que ser), o Guilherme, era um marxista incurável. A escola era dura, o prestigiado Colégio Santo Agostinho, na Barra. E o Guilherme ficava lá, falando baboseira sobre luta de classes, mais-valia, exploração capitalista e patrões sanguessugas. Essa bobagem toda teórica não batia com minha experiência dentro de casa. Lembro-me de uma ocasião, de férias em Nova York, quando meu pai era incapaz de relaxar, ligado no noticiário do Brasil para acompanhar os planos mirabolantes dos economistas idiotas. Ele ficava tenso, tendo em vista que tinha quase duzentos funcionários que dependiam do sucesso do banco para sobreviver.

O homem trabalhava pra caramba, não relaxava, quase não tinha tempo livre para brincar com os filhos, e aquele professor recalcado ainda repetia que alguém como meu pai não fazia nada, não trabalhava, só explorava os trabalhadores? Um pateta que nada sabia, como eu já podia notar. E assim fui blindado do esquerdismo na juventude...

Mas não escapei da arrogância racional dos libertários ateus! Com dezesseis anos eu já queria escrever livro – e graças a Deus não o fiz! Quando eu descobri Ayn Rand (1905-1982), foi paixão avassaladora: ali estava a minha seita, o Objetivismo. Eu era racional e sabia de tudo. O pecado dos inteligentinhos, em suma. Hoje entendo melhor a frase de Oscar Wilde (1854-1900), quando disse não ser jovem o suficiente para saber de tudo. Eu era arrogante, e um militante... um militante bem pentelho, que precisava convencer a todos da minha Verdade Revelada – por insegurança na crença, hoje sei.

Minha querida mãe foi o alvo escolhido. Por ter ideais mais românticos, seu viés mais à esquerda, e ótima condição de vida, eu não aceitava aquela "hipocrisia" ou contradição. O biquíni do Che Guevara foi a gota d'água. As discussões eram intermináveis, às vezes viravam brigas feias, para desespero do meu pai. Eu tinha que fazê-la enxergar a Verdade, abandonar o esquerdismo romântico.

Como santo de casa não faz milagre, acho que os editoriais do *Estadão* ajudaram mais, e ela nunca foi uma petista, graças a Deus! Mas esses embates me renderam meu best-seller, *Esquerda Caviar*, dedicado à dona Sonia com muito amor. Dela veio essa paixão pelo debate, a curiosidade de aprender e a necessidade de obter conhecimento para "vencer" o oponente. Ela fazia perguntas, e se eu não tivesse as respostas, como poderia persuadi-la de que eu estava certo, e ela errada?

Assim comecei a ler mais e mais, a escrever resumos para concatenar meu raciocínio e a disparar textos só para família e amigos próximos. Nascia ali o escritor, o ativista liberal.

[2]
Mercado financeiro

Mas calma! Antes de me tornar o escritor e o jornalista que muitos de vocês conhecem, fui seguir os passos do meu pai. Comecei a cursar Economia na PUC-Rio em 1994 e me formei em 1998. Antes disso, procurei estágio, e o meu primeiro foi no Banco Modal. Era para a área de economia mesmo, e eu tinha enviado ao mesmo tempo meu currículo para o Banco FonteCindam. Fui chamado pelo Modal e aceitei.

Minha chefe era ótima pessoa, mas um tanto jovem e inexperiente, e eu ficava meio ocioso. Tentava correr atrás de algum trabalho, mas a verdade é que a equipe batia cabeça, e faltava uma coordenação mais profissional. Ser filho do meu pai em nada ajudou nessa carreira, pelo contrário: quando fui contratado pelo Modal, um dos sócios, Herman, colocou o dedo em riste e disse que se o banco do meu pai tivesse alguma vantagem sobre o Modal em qualquer coisa, não importava se eu tivesse participação ou não nisso, ele me comeria vivo.

Herman protagonizou outra história que me marcou. Ele dizia que ou o amavam ou o odiavam. Mas o fato é que ele era o típico arrogante do mercado naqueles tempos. Um belo dia, aguardando carona do meu pai quando quase todos já tinham ido embora, tarde da noite, dei uma navegada por sites "obscuros". Eu era um jovem com vinte anos, não custa lembrar. No dia seguinte, Herman veio até minha mesa ver o que eu estava fazendo. Quando ele clicou na barra do navegador, apareceu lá a prova do meu "crime", inegável: o site da *Playboy* constava na lista. Fui chamado imediatamente para uma sala.

E levei aquele esporro! Herman disse que se eu queria ser filhinho de papai, ali não era lugar para mim. Que ele sabia que eu não queria levar nada a sério, que só queria curtir a vida. Ele basicamente me engoliu vivo. Eu quase chorei. Mas em vez de guardar raiva dele, usei aquela dura experiência para tirar lições. Não considerava o meu erro tão grave assim, mas compreendi que era preciso engolir sapos, que o mundo não girava em torno do meu umbigo, e que regras são regras. Mesmo que eu tivesse espiado aquelas damas sem roupas, pobrezinhas, fora do horário do expediente, ali não era o local adequado.

Fosse apenas por esse tropeço, eu teria continuado no Modal, uma bela instituição. Mas eu estava realmente insatisfeito com minha área, com minha chefe, e foi quando o FonteCindam me procurou, dois meses depois de eu mandar o currículo. Era para ser analista de empresas em vez de atuar como economista, e essa função despertava mais o meu interesse. Avaliei os prós e os contras e não precisei de mais do que dois minutos para decidir: avisei que estava fora do Modal e comecei a trabalhar para a equipe do Roberto Veirano no FonteCindam, no *"sell-side"*, ou seja, como estagiário que seria analista de empresas para escrever relatórios para os clientes e recomendar compra ou venda das ações.

Foram dois anos bem legais, fiz boas amizades e aprendi bastante. Minha monografia na PUC foi basicamente um relatório com o fluxo de caixa descontado da Caemi, empresa mineradora de ferro que a Vale acabou comprando. Quando penso nessa época vejo o quanto estou velho, ou como a tecnologia evoluiu rápido. O Claudio, nosso office-boy, ia diariamente à CVM buscar balanços impressos das empresas com capital aberto. Eu planilhava tudo, e depois começávamos as projeções. Passei a ler bons livros sobre *"valuation"*, sobre "trading", concomitantemente ao meu MBA de Finanças no Ibmec. Fui transferido depois, junto do Veirano, para a área do *"buy-side"*, ou seja, nada de relatórios para clientes, agora o objetivo era comprar ou vender ações para o próprio banco.

Numa das minhas primeiras operações no mercado de ações, comprei CBV após uma breve análise. Ganhei, na época, algo como uns setecentos reais num dia, tendo colocado pouco capital, ou seja, um baita retorno. Hoje entendo como é perigoso começar acertando, seja por sorte ou mérito, pois isso planta as sementes da arrogância, e o mercado financeiro é cruel com quem carece de humildade.

Então veio a famosa quebra do Marka e do Fonte-Cindam... eu estava de férias esquiando em Colorado com minha então namorada, com quem me casei depois. Acordava mais cedo, como faço até hoje, e fui ver as notícias.

Quando a Carol acordou, eu apenas disse: "Ferrou, segura os gastos!". Quando teve a maxidesvalorização do Real, eu sabia que a tesouraria do banco perderia rios de dinheiro, pois estava apostando na continuação das taxas. O que eu não sabia era se havia *"insider information"* para tanto, até porque era apenas um estagiário no departamento de análise de empresas, nada ligado à mesa de câmbio.

Menciono isso apenas porque esse caso voltou à tona quando Eduardo Bolsonaro me acusou publicamente de ser o economista responsável pela quebra do Marka. Foi numa época em que eu criticava bastante o governo de seu pai e escolhas como a do próprio filho para embaixador nos Estados Unidos. Ele não gostou das minhas críticas e partiu para o ataque, tentando assassinar a minha reputação como analista. Mas ele errou tudo! Eu nunca trabalhei no Marka, ele confundiu os bancos envolvidos naquele escândalo. Além disso, eu era apenas um estagiário de outra área, sem qualquer relação com a posição em câmbio. Fica registrado que já fui alvo do bolsonarismo, portanto. Nessa minha jornada independente, acabei apanhando de tudo que é lado, tribo e seita. Mas estou colocando a carroça na frente dos bois.

Voltemos ao FonteCindam. De fato, o prejuízo foi enorme e a barca passou. Fui mandado embora, com vários colegas. Mas como uma porta que se fecha acaba abrindo outras, e como a vida tem os encontros imprevistos, fui a um churrasco de um amigo da faculdade e lá descobri que eles tinham um grupo no qual era o antecessor do WhatsApp. Pedi para me colocarem no grupo, e foi por lá que soube que a Juliana, uma das mais estudiosas da faculdade, estava partindo para São Paulo com o marido, e a empresa onde trabalhava abrira uma vaga. Uma tal de JGP.

Perguntei ao meu pai e ao Veirano sobre a gestora, e ambos a conheciam muito pouco, pois ela tinha seis meses de vida, mas elogiaram muito os principais sócios: Andre Jakurski e Paulo Guedes. Ambos foram os principais fundadores do Banco Pactual, um dos mais agressivos e bem-sucedidos do mercado. Mandei meu currículo, e após uma bateria de entrevistas, fui chamado. Seria analista de empresas sob o comando do Guilherme Ache, que respondia diretamente ao Guedes. Era o ano de 1999, e fiquei na JGP até 2005. Foram seis anos incríveis, de muita ralação, sem feriados, sem descer para almoçar, chegando cedo e saindo tarde e fazendo o trajeto Barra-Centro diariamente. Pesado demais, mas que escola!

Trabalhei ao lado das mentes mais brilhantes que já conheci, num ambiente bastante competitivo e masculino, com guerra de egos, e foi uma fase fantástica da minha vida. Comecei como analista das empresas brasileiras, mas depois peguei o mercado internacional, viajei para o México, para a Coreia e três vezes para Moscou, na Rússia. Nunca trabalhei tanto na minha vida, comecei a ganhar um dinheiro decente, fiz a minha verdadeira faculdade ali, ao lado de grafistas, *traders*, investidores mais fundamentalistas, economistas brilhantes como o próprio Guedes.

Antes de falar um pouco mais do Paulo, vale a pena contar dois episódios isolados e curiosos dessa minha fase. Num deles, o principal sócio da gestora, André, viu uma pilha de papel na impressora e perguntou no seu estilo direto: "Quem foi o FDP que deixou isso aqui?". Todos tinham certo medo do André, mas era preciso confessar o "crime". Levantei a mão e disse: "Fui eu, André. Foi mal". Mas ele estava irritado, provavelmente com as posições em bolsa indo contra, e retrucou: "Foi mal o cacete. Vamos lá embaixo resolver isso no braço".

Ficou aquele clima pesado, muitos tentando avaliar o nível de brincadeira da situação, no que eu rebati: "André, descer para sair no braço com você eu não vou, pois é uma *lose-lose situation* para mim. Se eu apanhar de alguém com a idade para ser meu pai, será humilhante; e se eu bater, eu acabo demitido". Ele segurou o silêncio por uns segundos intermináveis e disse: "Se saiu bem...".

Conto isso apenas para revelar um lado meu que sempre me acompanhou: certa ousadia. Eu era destemido, inclusive de chefes, e certamente isso tinha alguma ligação com o "porto seguro" familiar, mas também sempre foi uma caraterística minha, com esse perfil de quem leva pouco desaforo para casa.

O segundo episódio foi durante uma eleição. Sempre o mesmo garçom levava comida para a gente, e um dos colegas, o Rafael, que era o mais brincalhão e falastrão de todos, perguntou ao rapaz em quem ele votaria. De forma seca, ele disse apenas que não votava. Eu estava bem ao lado e percebi que era melhor encerrar o assunto ali, mas o Rafael, curioso, quis saber o motivo. O homem então soltou: "Eu matei alguém. Estava numa festa, e o sujeito mexeu com minha mulher. Fui em casa, peguei uma faca e matei ele. Fui preso e por isso não posso votar". Ficou aquele mal-estar na copa, e o caso serviu para me lembrar sempre do abismo entre a elite e o povão. Garotos criados em Copacabana ou na Barra não viveram as mesmas experiências dessa turma das periferias e favelas, e procurei sempre me lembrar disso em minhas análises posteriores.

Voltando ao Guedes, ele estava numa fase delicada de sua vida profissional, pois ele queria tentar ser *trader*, sendo que sua vantagem comparativa sempre foi a análise dos cenários macroeconômicos. Ele ficava bem obcecado com o dia a dia do mercado, operando o tempo todo – ele chegava ao trabalho com o telefone no ouvido, dando ordens (ou broncas) nos corretores. Mas como era a sua natureza, o fantástico analista também estava sempre ali, fazendo cenários, traçando paralelos históricos, resumindo temas complexos com analogias incríveis. A influência de Guedes em minha formação intelectual foi importante, e como ele se tornou o melhor ministro da Economia que o Brasil já teve, acho que cabe um capítulo à parte sobre o homem.

[3]
Paulo Guedes mentor

Quando o então candidato Jair Bolsonaro anunciou Paulo Guedes como seu futuro ministro e seu Posto Ipiranga, escrevi um texto para o Infomoney sobre o Guedes que ninguém conhecia, por ter trabalhado com ele por tanto tempo. Segue abaixo na íntegra:

> *No mundo acadêmico dos economistas e no mercado financeiro, Paulo Guedes já era um nome bastante conhecido e respeitado. De uns tempos para cá, porém, Guedes se tornou nacionalmente famoso, e muitos querem conhecê-lo melhor.*
>
> *Como alguém que trabalhou sob sua chefia por seis anos, eis meu objetivo aqui: apresentá-lo aos leitores, com um prisma um tanto pessoal.*
>
> *Tenho o maior respeito e admiração pelo Paulo. Suas credenciais acadêmicas dispensam comentários: ele é doutor pela Universidade de Chicago, a casa de Milton Friedman, a maior máquina de prêmios Nobel na área.*

Em Chicago, o doutorando precisa passar por um intenso processo de aprendizagem matemática e estatística, instrumentos indispensáveis para a boa prática econômica, para análises mais "parrudas".

Há quem prefira ficar em "achismos", em teorias abstratas, em ideologias, e há aqueles que tentam levar a ciência econômica mais a sério, ainda que reconhecendo os limites das ferramentas estatísticas, que ainda necessitam das boas teorias. O segundo time vem de Chicago.

Paulo retornou ao Brasil, então, com uma bagagem intelectual completamente acima da média de seus pares. Certa vez resumiu a situação usando uma metáfora: é como alguém afogado em esterco, que finalmente consegue colocar a cabeça para fora. No mesmo momento, o cheiro insuportável se torna perceptível.

Os economistas brasileiros estavam presos em suas bolhas cognitivas, com teorias ultrapassadas, quase todas com viés de esquerda e estatizante, sem se dar conta do fedor.

O debate era muito pobre no país: ainda acreditavam em congelamento de preço, inflação inercial, protecionismo comercial etc. Paulo enxergava o óbvio, mas era ridicularizado por seus colegas, a maioria formada por tucanos.

Foi, então, dar aulas, incluindo matemática, e resolveu empreender, enquanto aqueles que desprezavam seu conhecimento técnico pulavam de plano em plano de governo, todos fracassados.

Foi aí que o jovem economista, com o ideal de contribuir para a melhora do Brasil, ajudou a fundar o Banco Pactual, ao lado de nomes como Luiz Cezar Fernandes, André Jakurski e Renato Bromfman. O sucesso do negócio foi estrondoso e ajudou a fazer de seus sócios homens muito ricos.

O Pactual sempre foi referência de excelência, meritocracia e trabalho duro, tendo que superar uma crescente concorrência. Eram tempos de mercado de capitais bem menos desenvolvido no país, e sua própria evolução é indissociável do esforço de bancos como o Pactual.

Por divergências internas, tanto Jakurski como Guedes decidiram sair da sociedade, e fundaram a JGP, uma gestora de recursos. Vários funcionários e sócios menores trocaram o Pactual pela nova empresa, e foi nesse momento que eu surgi em cena. Fui contratado pela JGP meses após sua origem, e seu DNA era o mesmo do antigo Pactual. Muita ralação, dedicação total e foco na meritocracia.

Fui analista de empresas e depois gestor, sempre abaixo de Paulo Guedes. Foi ele, inclusive, quem me recomendou a leitura dos economistas austríacos, como já confessei em livro sobre o assunto. Ou seja, apesar de formado em Chicago, Guedes tinha a mente aberta para absorver o que há de melhor em outras escolas, e foi graças a ele que tomei conhecimento de gênios como Mises e Hayek.

Após um dia estafante de trabalho, sob muita pressão e estresse, era comum alguém fazer alguma pergunta teórica para o Paulo, e ele sempre se mostrava muito solícito.

Formava-se então um pequeno grupo dos mais curiosos em torno dele, e a resposta frequentemente se transformava em palestra, em debate, numa verdadeira aula! Foram várias noites assim, e só posso agradecer pela disponibilidade de um professor tão destacado.

Paulo é um devorador de livros, e não só de economia: ele lê muita história e tem uma cultura geral impressionante. Os elos que fazia entre momentos distintos da história, seu poder de síntese, tudo isso era fascinante, e sinto saudades daquelas noites – mais produtivas do que meu MBA de Finanças.

E por falar nisso, fiz meu MBA no Ibmec, que também nos remete ao dom empreendedor de Guedes. Quando ele assumiu o controle da instituição de ensino ao lado de Claudio Haddad (não confundir com o petista, especializado em regime soviético, jamais em empreendedorismo), o Ibmec não era nem de longe a referência que se tornou depois.

Sob seu comando, o Ibmec se transformou na escola de ponta do país, atraindo os melhores talentos como alunos. Paulo sonhava em criar o "Bradesco do ensino", e divergências estratégicas acabaram rompendo a sociedade.

Mas o sonho continuaria vivo, e foi testado uma vez mais – novamente com sucesso – quando Paulo se aventurou no private equity, focando justamente na área da educação.

O negócio de maior destaque foi com a Abril Educação, e os fundos geridos por Guedes tiveram excelente retorno para seus investidores, bem acima da média. Isso era conquistado ao mesmo tempo em que o Brasil ganhava com instituições de ensino mais sólidas e competitivas, preparando melhor as próximas gerações.

Aliás, é típico da mentalidade esquerdista achar que o lucro e o progresso são antagônicos, enquanto a verdade é justamente o contrário: um não existe sem o outro. Paulo, como um liberal clássico, entende bem isso e sempre quis ajudar a fomentar o mercado de capitais no Brasil, por entender sua importância no avanço da economia.

Defensor do modelo de privatizações de Thatcher no Reino Unido, ele compreende a vantagem de atrair o povo para o capitalismo, tornando-o sócio do crescimento da riqueza nacional. Thatcher usou vouchers para permitir que o empregado sentisse o gosto – e também o risco – do capitalismo. Estão todos no mesmo barco, patrões e funcionários: o sucesso do negócio é o que garante bons salários e dividendos.

Outro aspecto do perfil do Paulo que não pode ficar de fora é seu patriotismo. Sim, ele enriqueceu no mercado financeiro e com o Ibmec. Ele poderia, como tantos outros, ter se tornado esnobe, "globalista", um "cidadão do mundo" que mais parece um clone dos demais, algo bastante comum no mercado financeiro. Todos precisam passar a gostar das mesmas coisas, falar a mesma língua, vestir as mesmas roupas.

Paulo não caiu nessa. Sempre foi um brasileiro que valorizava suas raízes e apaixonado pelo intelecto e pela Pátria. Não se mudou do seu apartamento, o mesmo desde o começo, continuou um flamenguista fanático e preferia seu bife a pratos estranhos da culinária contemporânea que "todos os ricos precisam apreciar", caso contrário demonstram falta de "refinamento".

Quero dizer com isso que Paulo continuou a mesma pessoa simples, um brasileiro comum, que discutia futebol na copa com o garçom, apesar de todo o sucesso financeiro.

E é esse seu patriotismo, somado a essa paixão pelo desafio intelectual, que o aproximou de Bolsonaro e, por tabela, do Ministério da Fazenda. Paulo jogou limpo com Bolsonaro desde o começo, e foi a franqueza que um viu no outro que permitiu a parceria.

Podemos discordar de muitas ideias do capitão, de seu passado estatizante, mas seu amor pela Pátria parece inegável, assim como sua forma direta de se comunicar e relacionar.

Nem o Paulo nem Bolsonaro são de muitos rodeios ou mensagens opacas. Ambos preferem o "papo reto", doa a quem doer. Será interessante ver como essa sinceridade mútua vai agir em conjunto, especialmente quando houver divergências – e elas serão inevitáveis.

Se Paulo Guedes será capaz de finalmente mudar a economia brasileira para melhor, retirando inúmeros obstáculos criados pelo governo, trazendo o povo para perto do mercado de capitais, ainda não sabemos. Existem desafios enormes, que passam pela persuasão do próprio futuro presidente, do Congresso, do poder judiciário etc.

Mas uma coisa é certa: não é fácil imaginar um nome melhor para tocar esse projeto de liberalização da economia brasileira. Paulo tem todo o preparo necessário, humildade para reconhecer onde vai precisar de ajuda ou ceder, e uma paixão pelo Brasil que é indispensável, principalmente nos momentos de maior dificuldade.

Temos no comando da economia um economista liberal brilhante e patriota, que ao mesmo tempo é apenas mais um brasileiro comum, como todos nós, e não um elitista esnobe que perdeu o contato com a realidade. Os ingredientes são os melhores possíveis. Espero que tenha muito sucesso!

###

De fato, Guedes se mostrou um gigante, um patriota, alguém capaz de engolir muitos sapos em prol do Brasil, e deixou um legado extremamente positivo com sua equipe técnica e liberal. Ele mesmo me relatou o primeiro encontro com Bolsonaro, na época em que ainda pensava em ajudar Luciano Huck em sua possível campanha. Guedes chegou relatando esse conflito de interesses, e alguns bolsonaristas presentes chegaram a levantar para cancelar a reunião. Jair disse: "Sentem. Gostei dele. É sincero e direto". E assim foi o longo convívio de quatro anos entre ambos, pelo que soube.

Guedes foi o professor que não tive na faculdade. Ele gosta de dar aula; e quando os mercados fechavam, e a parte burocrática já tinha sido feita; muitas vezes ele era procurado por um dos jovens analistas ou *traders* para alguma pergunta. Sua resposta normalmente virava uma palestra, e um pequeno pelotão se juntava para aprender. Eu estava sempre entre eles. Eu e o Daniel éramos os que mais provocávamos Guedes com temas gerais, filosóficos. Que debates inesquecíveis! Meu "mestrado" foi este: seis anos debatendo com Paulo Guedes.

Foi ele quem me apresentou os economistas austríacos também. Já comentei sobre isso no meu livro sobre a Escola Austríaca. Durante a Economia na PUC, o máximo que aprendi do lado liberal foi a escola clássica de Chicago, do grande Milton Friedman (1912-2006), que foi professor do próprio Guedes em seu doutorado. Foi necessário um PhD de Chicago para me introduzir a Mises (1881-1973) e Hayek (1899-1992). Guedes sugeriu esses autores, e quando comecei, não parei mais. Li mais de dez livros de cada um deles e depois fui puxando para os demais autores austríacos. Na frente, ajudei a criar o Instituto Ludwig von Mises Brasil com Hélio Beltrão, que se tornou um bom amigo, e com os irmãos Chiocca. Essa história merece, porém, um capítulo à parte. Antes disso veio o período olavete.

[4]

Um olavete escritor

Eu lia os textos de Olavo de Carvalho (1947-2022) em seu site e ficava fascinado. Os alertas sobre o Foro de SP e a real essência do PT foram cruciais para minhas análises, e os "olavetes" da JGP começaram a discutir com os mais pragmáticos que achavam tudo aquilo teoria da conspiração de paranoico. Acho que o tempo mostrou quem estava certo, apesar do que *timing* é tudo na vida, e os pragmáticos ganharam muito dinheiro na era petista.

Nessa época, aqueles textos que eu escrevia para família e amigos começaram a ficar mais frequentes. Eu lia freneticamente e gostava de fazer resenhas para guardar bem o essencial do conteúdo. Conheci Thomas Korontai, que tinha o projeto de um Partido Federalista, e fui a uma reunião. Lá conheci o médico Heitor de Paola, olavete fanático. Ele me falou do Mídia Sem Máscara, site do Olavo, e eu fiquei de mandar alguns textos para avaliação.

Lembro-me da minha alegria quando chegou um e-mail dele: a galinha voou! Era o título, que fazia alusão ao meu texto "A galinha vermelha", que fora publicado no site. Era meu primeiro texto oficial, e logo em seguida veio "O terror vermelho", resumo do tijolo *O Livro Negro do Comunismo*[2]. Relatos sombrios que me tiravam o sono, mas que alienados chamavam de invenção de reacionário por pura ignorância. Sim, comunistas comiam criancinhas. E faziam coisa pior.

Comecei a publicar textos no MSM e ficar mais conhecido entre a direita raiz. Ainda trabalhava no mercado financeiro. Cada vez mais tempo meu era dedicado a ler e escrever sobre filosofia política, natureza humana, economia liberal. Não conhecia Olavo pessoalmente. Só estive com ele como ouvinte numa palestra na UniverCidade, que fui com meu irmão, e num evento mais fechado na Ancham. Ali consegui me apresentar: "Oi, sou o Constantino, colunista do seu site MSM". Ele foi muito simpático e me desejou sucesso. Nós não sabíamos ainda que protagonizaríamos tretas famosas na internet, ainda nos tempos do Orkut.

Meu lado "olavete" foi intenso, a ponto de preocupar minha mãe – da mesma forma que a fase "objetivista" de Ayn Rand o fez. Mas vale frisar que nunca fui aluno regular do Olavo e li apenas um livro seu, *O Jardim das Aflições*[3]. Eu era consumidor ávido de seus textos. Por conta disso eu o

---

2. COURTOIS, Stéphane *et. al. O Livro Negro do Comunismo – Crimes, Terror e Repressão*. Rio de Janeiro: Bertrand Brasil, 1999.

3. CARVALHO, Olavo de. *O Jardim das Aflições – De Epicuro à Ressurreição de César: Ensaio sobre o Materialismo e a Religião Civil*. Campinas: Vide Editorial, 2015.

colocaria, certamente, entre os meus mentores na minha formação intelectual. Mas a rixa veio cedo demais, e por isso acabei me afastando dele.

Antes de entrar nesse caso, vale destacar como me tornei um escritor de livros. Um editor mineiro, que tinha uma pequena editora chamada Soler, procurou-me para pedir permissão para usar alguns trechos de artigos meus do MSM no livro de um autor dele, que usava o pseudônimo Legrand. Eu consenti, mas aproveitei para afirmar que tinha textos suficientes para uma coletânea e perguntar se ele não tinha interesse em publicar um livro meu. Ele gostou da ideia, e ali nasceu *Prisioneiros da Liberdade*[4], meu primeiro livro – com muito orgulho.

Eu tinha vinte e oito anos quando ele foi publicado, e fiquei todo orgulhoso. Fui precoce em outras coisas: casei-me com vinte e cinco, quando minha então namorada de três anos engravidou, e me separei dois anos depois. Já tinha, portanto, uma filha linda, um livro publicado, e só faltava plantar uma árvore para morrer tendo deixado meu legado. Como amo a vida, estou aguardando até agora para plantar essa árvore e poder dizer adeus a todos.

Sobre a separação, vale uma nota breve para dar o contexto de minha mudança profissional. Quando eu me casei e fui pai, algo mudou para valer dentro de mim. Sempre fui do tipo paizão, e se já tinha uma alma velha, ali decidi amadurecer de vez. Meus amigos de vinte e cinco anos queriam aproveitar a balada, e eu ficava em casa

---

4. CONSTANTINO, Rodrigo. *Prisioneiros da Liberdade*. Belo Horizonte: Soler Editora, 2004.

lendo sem parar, fumando charuto, escutando jazz. Até um Honda Civic "cor de burro quando foge" eu comprei. Exagerei na dose, fiquei velho demais antes do tempo, e isso não ajudou no casamento. Éramos jovens e imaturos demais. E ela era bipolar, o que só descobrimos depois. Foi uma combinação explosiva, em especial na fase da mania.

Com vinte e sete anos, então, eu tinha uma filha maravilhosa, estava divorciado, trabalhava feito um corno, encarava um trânsito bizarro todo dia e não estava muito feliz. Havia ainda uma crise de identidade profissional, além da paixão pela escrita. Eu era um analista fundamentalista de empresas numa empresa bem mais voltada para o *day trade*. Era um choque cultural. Eu fazia minhas viagens, ficava até tarde preparando relatórios, tentava "vender o peixe", mas os gestores só queriam saber da fala do *chairman* do Federal Reserve naquela tarde, que mudaria tudo. O horizonte era diferente para nós. Eu queria investir mais como Warren Buffett, e a turma girava a carteira com uma frequência frenética. Coloquei tudo na balança e resolvi pedir demissão, tirar um período sabático.

Jakurski tentou me convencer a ficar, mas foi compreensivo. Disse que a vida do *trader* é fadada à infelicidade, pois todo dia zera a pedra, recomeça do zero, e eu claramente queria uma obra mais palpável, com começo, meio e fim. Paulo Guedes também tentou me persuadir a permanecer na empresa, reconhecendo que eu tinha paixão pela leitura, como ele mesmo, mas que essa fase intelectual poderia ficar para depois, pois eu era muito jovem. Ele tinha um ponto, claro, até porque não tinha feito o pé de meia necessário para viver só de livros com temas árduos e específicos, para uma tribo diminuta (na época brincávamos que os liberais brasileiros conseguiam encher no máximo duas Kombis). Mas resolvi tentar a sorte e descansar um pouco mesmo assim.

Minha ideia era tirar um sabático de uns seis meses e ver o que faria da minha vida. Enquanto isso escreveria um novo livro. Bem, o livro foi escrito em uma semana! Nascia meu segundo livro, *Estrela Cadente: As Contradições e Trapalhadas do PT*[5], mostrando como era previsível tudo que aconteceu depois no país para quem ao menos estudasse um pouco. O livro foi lançado em 2005, *antes* de estourar o escândalo do Mensalão. O primeiro capítulo é sobre a bandeira ética petista, totalmente esgarçada. Os jornalistas eram um bando de preguiçosos e/ou esquerdistas, que não queriam ou não conseguiam enxergar o óbvio.

Após publicar o livro, fiquei logo entediado e resolvi encerrar o sabático. Meu pai falou para eu usar o escritório do *family office* dele e do sócio, que já tinham vendido o banco para os ingleses, enquanto eu decidia minha vida. Ao menos assim não perdia o contato com o mercado financeiro. Gostei da ideia e passei a frequentar o escritório deles na Barra, bem mais perto (nessa época eu morava num flat em São Conrado). Comecei a ir lá todo dia, e foi ficando claro que dava para ajudar na gestão deles, de fundo de fundos. Aceitei trabalhar com eles, pois manteria um pé no mercado e teria mais flexibilidade para me dedicar ao meu hobby de escritor e palestrante – eu

---

5. CONSTANTINO, Rodrigo. *Estrela Cadente – As Contradições e Trapalhadas do PT*. Belo Horizonte: Soler Editora, 2005.

tinha começado a fazer algumas palestras em ambientes liberais, como o Instituto de Estudos Empresariais, que criou o Fórum da Liberdade em Porto Alegre.

Já fora da JGP, Paulo Guedes me ligou e me convidou para um evento que eu gostaria de participar. Era justamente a turma do IEE, que pensava em abrir algo similar no Rio. Patrícia Carlos de Andrade estava liderando a ideia. Na reunião, quando acabou a apresentação, perguntaram quem no Rio poderia encabeçar uma iniciativa dessas. Eu fui o primeiro a levantar a mão, e Guedes sorriu: "Eu disse que ele era o cara certo!". Após alguns debates, ficou claro que o mesmo formato não funcionaria bem no meu querido Rio de Janeiro, e surgiu a ideia de fundar um *think tank* liberal. Nascia o Instituto Millenium, do qual sou um dos doze fundadores.

Fazia parte do Millenium José Roberto Marinho, da Globo, e a família Civita, da *Veja*. Ali eu entrei para o radar deles. Em alguns meses, trabalhando com meu pai, recebi uma ligação do editor do jornal *O Globo*: "Que tal ter uma coluna com a gente?". Não consegui esconder minha alegria: agora eu estaria na liga profissional, numa vitrine enorme, escrevendo para um dos maiores jornais do país. Chega de discussões improdutivas no Orkut – apesar de eu ter muito respeito por esta fase, pois concordo com a tese de Malcolm Gladwell das dez mil horas, e se me tornei um bom debatedor, rápido no gatilho, com a mente *sharp*, isso se deve muito a essa prática inesgotável nas profundezas do falecido Orkut.

Antes de finalizar esse capítulo da minha fase mais olavete, gostaria de reproduzir aqui o texto que escrevi para a *Gazeta do Povo* após a morte do professor Olavo:

Saudades do encontro que não tive com Olavo (26/1/2022)

Peguei um avião com minha mulher em Miami e, pouco mais de duas horas depois, já estávamos a caminho da casa de Olavo em Richmond, Virgínia. Lá fomos recebidos com grande hospitalidade pelo filósofo e sua esposa, Roxane. Fomos encaminhados logo para seu escritório, o santuário dos livros, do estoque do vasto conhecimento adquirido ao longo de uma vida de estudos.

Conversamos sobre filosofia, conservadorismo, governo Bolsonaro, ameaça comunista e globalismo. Também falamos sobre a vida em geral, felicidade, armas e caça (nesse ponto minha mulher lançou um olhar torto para o caçador de ursos, mas ele se saiu bem em seus argumentos). A conversa fluía, regada a café e cigarros.

Falamos também de nossas "tretas" do passado, desde os tempos de Orkut. Lembrei-me com nostalgia dos meus primeiros textos publicados no Mídia Sem Máscara, pelo intercâmbio feito por Heitor de Paola. "Terror Vermelho", uma resenha do Livro Negro do Comunismo, e "A galinha vermelha", uma sátira do socialismo igualitário, foram os dois primeiros artigos oficiais que deram início ao meu ofício de escritor.

Só tinha encontrado Olavo duas vezes na vida antes desse encontro: nessa fase mesmo, numa palestra para a comunidade judaica no Centro do Rio, em que me apresentei como o jovem articulista do MSM; e numa palestra dele na UniverCidade, que levei meu irmão e ficamos, ambos, bastante impressionados. Eu era leitor ávido de suas colunas nessa época.

Depois disso, vieram as trocas de farpas, e também tivemos a oportunidade de falar bastante disso. Eu era um libertário ateu seguidor de Ayn Rand e tive de admitir — como já fizera em público — que naqueles debates, quando eu puxava Voltaire da cartola e Olavo defendia o legado cristão, eu estava errado. Ou seja, Olavo tem razão.

Com o tempo — e trocando o café por um uísque — fui me sentindo mais à vontade para tecer algumas críticas também. Falei da imagem de vaidoso que formei dele, talvez bem equivocada, e reclamei que ele descia demais o nível dos ataques pessoais muitas vezes. Minha mulher foi testemunha que minha jugular saltava quando eu rebatia alguns desses ataques, lá nos idos do Orkut, já tarde da noite. Mas pode ser estilo, tática. Olavo admitiu que julga a maturidade de alguém pela capacidade de lidar com o deboche. Gargalhamos com o "Rodrigo Cocô Instantâneo", e ainda brinquei que o "Constinha" seria, então, o cocozinho. Minha mulher não achou tanta graça assim, mas cedeu diante da bobeira masculina.

Mencionamos nomes de pessoas que admiramos em comum, como o saudoso embaixador Meira Penna, o querido Percival Puggina, Flavio Morgensten, Paulo Briguet, entre outros. Mostrei a Olavo um e-mail que enviei a Puggina em 2017, com um texto meu sobre Chesterton e o legado cristão, com esses dizeres: "Aquele seguidor meio fanático de Ayn Rand não existe mais, faz tempo. Aproveito para dizer que a postura de certos conservadores de boa estirpe, como a sua, sempre mostraram uma sabedoria e paciência que admiro. Sabem reconhecer um anseio dos mais jovens por respostas simplistas e dar tempo ao tempo. O amadurecimento normalmente ocorre. Mas nem sempre, claro".

Puggina se disse comovido, e mergulhamos ali num debate sobre a importância de estilos diferentes, cada um com sua função. Puggina sempre foi muito educado comigo, e Olavo era o ranzinza que puxava a orelha, o tio chato que xinga e coloca o dedo na ferida. Mas ambos, certamente, contribuíram para esse amadurecimento – assim espero. O libertário ateu virou um liberal conservador, com respeito pelas tradições, pelo legado cristão e pelo incognoscível divino.

O tempo passou tão rápido que nem sentimos, e já era hora de pegar o voo de volta para Miami. Nos despedimos, prometendo um retorno em breve – não tinha a esperança de que o professor trocasse o aconchego de Richmond para uma visita à aprazível Weston. No caminho, comentei com minha mulher que chegava a ser engraçado tanta rixa nossa em público, mas um visível respeito mútuo sincero, apesar de tudo – ou seria por causa disso tudo?

Quando cheguei em casa, dei-me conta de que tudo não passou de uma ilusão. Esse encontro, infelizmente, jamais aconteceu. Havia a intenção, revelada à esposa. Mas temos esse péssimo hábito de ir postergando, partindo da premissa de que sempre teremos tempo. Ah, o tempo! Ele passa, e rápido. E hoje fica apenas essa saudade do encontro que não tive com o professor Olavo.

Fiquei muito comovido quando um dos filhos de Olavo me procurou para dizer que teria sido bem parecido com isso nosso encontro, e que o velho da Virgínia, apesar dos puxões de orelha públicos, costumava me elogiar em privado.

[5]

Um austríaco tupiniquim

Após essa fase mais olavete, e depois de dezenas de livros dos austríacos, eu me tornei basicamente um economista da Escola Austríaca. Éramos poucos no país. O professor Ubiratran Jorge Iorio era o grande expoente do pensamento liberal austríaco no Brasil. O restante era basicamente uma garotada curiosa, um bando de *nerds* contrários ao Estado. Atraídos pela causa comum, rapidamente cada "austríaco" tupiniquim se conheceu, e fui apresentado à ideia de criar um Instituto Mises Brasil.

Adorei a ideia e dei meu total apoio. O projeto foi tocado pelo empresário liberal Helio Beltrão e pelos irmãos Chiocca. Eu ingressei no Conselho do IMB e o ajudei a crescer. Cheguei a lançar um livro sobre o pensamento dos austríacos pelo IMB, *Economia do Indivíduo*[6], um resumo dos vários expoentes da Escola Austríaca. Mas comecei a me desentender com os irmãos Chiocca...

---

6. CONSTANTINO, Rodrigo. *Economia do Indivíduo – O Legado da Escola Austríaca*. São Paulo: LVM Editora, 2017, edição *Kindle*.

As tretas passaram a ficar conhecidas na internet, nesse nosso mundinho libertário. O fanatismo de quem tinha encontrado uma "pedra filosofal" me incomodava bastante. Os Chioccas eram arrogantes e intolerantes, mas sua ideologia continha brechas. Eu explorava tais brechas, como a pergunta que ficou famosa na época: se uma menina de dez anos *consente* em trocar sexo oral por um sorvete com um senhor, isso é uma troca voluntária mutuamente benéfica que dispensa qualquer intervenção estatal?

Esses anos foram incríveis em termos de reflexões e debates sobre o papel do Estado. Eu estava bem imbuído da visão libertária, quase flertando com os anarcocapitalistas, mas sentia que algo estava fora de ordem ali. Já escrevi mais recentemente um livro sobre essas mudanças, *Confissões de um ex-libertário*[7], em que explico as razões dessa guinada de um liberalismo mais libertário para um mais conservador. Aqui basta dizer que a gota d'água foi quando mandei um texto sobre democracia com base somente no pensamento de Mises, o maior expoente da Escola Austríaca e que emprestava o nome ao nosso instituto, e os irmãos Chiocca resolveram vetar meu texto. Ali resolvi sair do Conselho do IMB. Segue o texto, aliás, de 2010:

O liberalismo de Mises

O grande nome da Escola Austríaca, Ludwig von Mises, foi um defensor ferrenho da liberdade individual. Ele acreditava que o liberalismo tinha que triunfar por meio do poder das

---

7. CONSTANTINO, Rodrigo. *Confissões de um Ex-Libertário – Salvando o Liberalismo dos Liberais Modernos*. Rio de Janeiro: Record, 2018.

ideias, por intermédio da persuasão com base em sólidos argumentos. Somente pelas vias democráticas o liberalismo poderia vencer seus inimigos no longo prazo. Mises sempre soube das inúmeras imperfeições da democracia, que não é exatamente louvável por sua capacidade de boas escolhas, mas ainda assim defendeu com unhas e dentes o modelo democrático. O principal motivo era semelhante ao que Karl Popper tinha em mente: a democracia é a forma mais pacífica que conhecemos para eliminar erros e trocar governantes, sem derramamento de sangue.

Popper resumiu bem a questão quando disse que "não somos democratas porque a maioria sempre está certa, mas porque as instituições democráticas, se estão enraizadas em tradições democráticas, são de longe as menos nocivas que conhecemos". Mises estava de acordo, e defendeu a democracia em diversos livros. Em Liberalism, por exemplo, ele escreveu: "A democracia é aquele forma de constituição política que torna possível a adaptação do governo aos anseios dos governados sem lutas violentas". Para Mises, que depositava enorme relevância no poder das ideias, somente a democracia poderia garantir a paz no longo prazo.

Em sua obra-prima, Human Action, Mises reforça esta visão em prol da democracia: "Por causa da paz doméstica o liberalismo visa a um governo democrático. Democracia não é, portanto, uma instituição revolucionária. Pelo contrário, ela é o próprio meio para evitar revoluções e guerras civis. Ela fornece um método para o ajuste pacífico do governo à vontade da maioria. [...] Se a maioria da nação está comprometida com princípios frágeis e prefere candidatos sem valor, não há outro remédio além de tentar mudar sua mente, expondo princípios mais razoáveis e recomendando homens melhores. Uma minoria nunca vai ganhar um sucesso duradouro por outros meios".

Em Socialism, Mises escreve: "A democracia não só não é revolucionária, mas ela pretende extirpar a revolução. O culto da revolução, da derrubada violenta a qualquer preço, que é peculiar ao marxismo, não tem nada a ver com democracia. O Liberalismo, reconhecendo que a realização dos direitos econômicos objetivos do homem pressupõe a paz, e procurando, portanto, eliminar todas as causas de conflitos em casa ou na política externa, deseja a democracia". Ele acrescenta ainda: "O Liberalismo entende que não pode manter-se contra a vontade da maioria". Logo, um liberal seguidor de Mises irá sempre lutar pelas vias democráticas, buscando persuadir a maioria de que o liberalismo é o melhor caminho.

Mises também não era anarquista, no sentido de pregar como meio para a liberdade o fim do Estado. Em Bureaucracy, por exemplo, ele sustenta que a polícia deve ser uma clara função do Estado. Mises escreve: "A defesa da segurança de uma nação e da civilização contra a agressão por parte de ambos os inimigos estrangeiros e bandidos domésticos é o primeiro dever de qualquer governo". Em Liberalism, Mises é ainda mais direto: "Chamamos o aparato social de compulsão e coerção que induz as pessoas a respeitar as regras da vida em sociedade, o Estado; as regras segundo as quais o Estado procede, lei; e os órgãos com a responsabilidade de administrar o aparato de compulsão, governo".

Ele explica quais seriam as funções básicas do Estado na doutrina liberal: "Liberalismo não é anarquismo, nem tem absolutamente nada a ver com anarquismo. O liberal entende claramente que, sem recorrer à compulsão, a existência da sociedade estaria ameaçada e que, por trás das regras de conduta cuja observância é necessária para assegurar a cooperação humana pacífica, deve estar a ameaça da força, se todo edifício da sociedade não deve ficar continuamente à mercê de qualquer um de seus membros. É preciso estar em uma posição para obrigar a pessoa que não respeita a vida, a saúde, a liberdade pessoal ou a propriedade privada dos outros a aceitar as regras da vida em sociedade. Esta é a função que a doutrina liberal atribui ao Estado: a proteção da propriedade, liberdade e paz".

Portanto, está muito claro que Mises considerava o Estado fundamental para proteger a propriedade privada. Condenando o anarquismo, Mises diz: "O anarquista está enganado ao supor que todos, sem exceção, estarão dispostos a respeitar estas regras voluntariamente". Segundo ele, "o anarquismo ignora a verdadeira natureza do homem", e seria praticável "apenas em um mundo de anjos e santos". Muitos dos seus seguidores atuais não concordam com esta visão, e compreendem que mesmo num mundo de homens imperfeitos, a existência do Estado apenas agrava o quadro contra a liberdade individual. Trata-se de um debate legítimo e, em minha opinião, complexo e inconclusivo. Mas não custa resgatar aquilo que Mises pensava sobre liberalismo. Para ele, esta era uma doutrina inseparável da via democrática.

[6]
Mecenas liberal

Eu estava dividido. Não só entre o libertarianismo e o conservadorismo, mas com um pé no mercado e outro na minha verdadeira vocação de ativista de direita. Trabalhando no *family office* do meu pai, eu tinha mais tempo para palestras e eventos. Não só ia todo ano ao Fórum da Liberdade, como fiz diversas palestras no IEE e depois no Instituto de Formação de Líderes, análogo ao IEE criado pelo Salim Mattar.

Também participei de mais de dez colóquios do Liberty Fund, evento que eu adorava, pois juntava um grupo heterogêneo de gente interessante para debater temas específicos, nós ganhávamos os livros para a leitura, tínhamos a tarde livre para passear em locais sempre aprazíveis (certa vez foi dentro de uma vinícola chilena) e jantares regados a vinho e ótimo bate-papo. Você pode perguntar quanto custava algo assim, mas eis a melhor parte: nós *recebíamos* algo na faixa de mil dólares para esse fim de semana inesquecível. Viva ao Sr. Goodrich!

Ocorre que é complicado atender a dois mestres, e mesmo com tempo mais flexível, a verdade é que eu amava mesmo o meu hobby, que crescera bastante a ponto de me tornar uma voz conhecida na defesa do liberalismo no país todo. Meu pai tinha um sócio, gente fina e da minha idade (filho do ex-sócio dele, que falecera), e meu pai ficava incomodado com o barulho do teclado do computador o tempo todo – ele sabia que não era trabalho. As viagens passaram a ser muito frequentes também, e isso pegava mal. Meu pai me cobrou uma decisão: o que eu realmente quero fazer da vida?

Por falta de opção – eu não vislumbrava a condição de viver das minhas palestras e colunas, até porque o pagamento do *Globo* era ridículo de baixo – eu estava inclinado a basicamente abandonar a minha causa e vocação. É preciso pagar os boletos, afinal de contas, e eu já era pai. Foi quando marquei uma conversa com Salim Mattar, um dos principais apoiadores da causa liberal no país, fundador do Instituto Liberal com Donald Stewart Jr. (1931-1999).

Fui tomar um café na sede da Localiza em Belo Horizonte. Já tinha me tornado um amigo do Salim, pois, como já disse, nós liberais conseguíamos lotar umas duas Kombis nessa época. Falei com ele da única forma que sempre fiz na vida: com total transparência. Coloquei de forma bem direta: "Salim, vou ter que abandonar a causa, as palestras todas, a peregrinação liberal, pois preciso trabalhar". O Salim disse que não dava para me perder por isso, e perguntou quanto eu tinha em mente para o meu sustento.

Surgiu, então, uma ideia fantástica: ele já era apoiador do Instituto Liberal, que ajudou a fundar, e o então presidente, Arthur Chagas Diniz, estava doente e sem condições de tocar o IL direito. Ele poderia aumentar a colaboração financeira com o instituto, e eu assumiria sua presidência, com a missão de trabalhar integralmente para difundir os ideais da liberdade. Os valores envolvidos batiam com as minhas necessidades básicas, e topei, imaginando que ganharia tempo para expandir minhas fontes de renda com mais palestras ou presença nos veículos de comunicação.

Salim Mattar, portanto, foi o grande mecenas liberal que tornou possível minha permanência nessa batalha inglória de disseminar o liberalismo num país coletivista. Sem essa ajuda inicial, eu teria desistido e focado no mercado financeiro. Se teria sido mais ou menos feliz, é impossível dizer. Mas nunca foi uma escolha real: no fundo, eu sabia que tinha nascido para levar essa mensagem na qual acredito com tanta convicção. O IL, de fato, cresceu bastante, ganhou projeção nacional, e sinto muito orgulho desses anos de intenso trabalho. Jamais ficaria rico assim, mas os boletos eram pagos em dia, e eu fazia aquilo que amava.

Nesse momento, quando já tinha fechado de vez o capítulo do mercado financeiro na minha vida, recebi outra ligação: desta vez foi a *Veja*, me convidando para ser colunista do site deles. As coisas estavam acontecendo rápido. Meu nome ganhava outra dimensão, eu tinha plataformas parrudas para divulgar minhas ideias liberais. O editor era Eurípedes Alcântara, e foram anos mágicos da revista, sempre combativa contra as falcatruas petistas. Eu estava em casa ali, com um timaço. Joice Hasselmann, ainda do nosso lado, ajudou a criar a *TVeja*, e eu era comentarista. Minhas colunas impressas faziam grande sucesso. Eu tinha dado uma entrevista antes para as *Páginas Amarelas*, e aquilo já fora um sonho realizado, mas ter uma coluna na principal revista do país era mesmo algo fantástico. Estávamos fazendo história...

Antes de encerrar minha participação no mercado financeiro graças ao meu mecenas liberal, cabe uma outra história interessante, de como cheguei ao Partido Novo. A filha de João Amoêdo era a nossa estagiária. Uma menina muito inteligente e educada, que percebeu logo a minha obsessão por política. Um dia, tímida, ela comentou comigo que seu pai e uns amigos engenheiros estavam trabalhando na criação de um partido cuja missão era dar um "choque de gestão" no setor público. Perguntou se eu tinha interesse em conhecê-lo, e eu disse que sim. Marcamos o encontro, e imediatamente gostei do projeto. Passei, então, a ajudar na formação do Novo e em sua divulgação.

Em encontros fechados, debatíamos a essência do partido e quais deveriam ser suas prioridades. Eu colaborei, em suma, para dar a coloração mais liberal de um projeto que era bem mais pragmático e desprovido de ideologia. Se o Novo virou um partido mais liberal com o tempo, quero crer ter tido um papel fundamental nisso. Deputados como Marcel van Hattem, a quem ajudei desde a primeira eleição, garantiam essa pegada liberal da qual me orgulho de ter construído. Eu só não imaginava que Amoêdo se tornaria um grande traidor da causa, por puro oportunismo ou uma obsessão patológica contra Bolsonaro.

Falei mais disso quando escrevi o prefácio do livro *Os Inocentes do Leblon*[8], de Roberto Motta, que republico aqui para virar essa página:

> *A esperança de uma nova política, feita por gente que nunca foi político de carreira, gente séria, preparada, com espírito público: o Novo alimentou isso em mim e em milhares de pessoas. Roberto Motta estava lá desde o começo, como peça-chave, como amigo de longa data de João Dionisio Amoêdo, o principal financiador do projeto, o nome que passaria a ser sinônimo do partido que ele, Motta e mais de uma centena de idealistas criaram.*
>
> *Nesse pequeno livro, Motta faz um relato pessoal de como tudo começou, revela detalhes de reuniões e apresenta um perfil próprio e do seu velho amigo Amoêdo. A trajetória de encontros e desencontros termina com a ruptura, estampada num evento social em que ambos sequer se cumprimentaram. Entender como foi que isso aconteceu é compreender o que parece ter dado errado no projeto. Algo se desviou da meta, ou então a meta sempre foi outra e muita gente foi enganada.*
>
> *Sim, eu estou decepcionado com o Partido Novo, com João Amoêdo, e tenho as minhas razões pessoais. Afinal, participei de tudo, não desde o primeiro momento, como o Motta, mas desde bem cedo, participando de reuniões fechadas, "petit comité", para ajudar a dar um DNA doutrinário ao projeto, formado basicamente por engenheiros que pensavam somente em "choque de produtividade" no poder Executivo. Fui, portanto, um dos que emprestaram tempo, nome e empenho*

---

8. MOTTA, Roberto. *Os Inocentes do Leblon*. São Paulo: Opção C Editora, 2021.

para que o Novo fosse associado ao liberalismo, que defendo há décadas.

Antes, porém, vale contar como cheguei ao Amoêdo. Sua filha foi minha estagiária ainda nos anos de mercado financeiro, no family office do qual eu era sócio. Uma menina muito inteligente e bem educada que causou ótima impressão em todos nós. Ela notou que eu passava um bom tempo falando de política, debatendo em redes sociais, escrevendo textos sobre o assunto. Eu já era um militante da causa liberal com certa exposição pública, e dividia meu tempo entre o trabalho no setor financeiro e minha verdadeira vocação.

Certo dia ela mencionou, então, o projeto que seu pai liderava, e perguntou se eu tinha interesse em conhecê-lo. Eu disse que sim e marcamos o encontro. Ali começou uma longa parceria. Fiz palestras para o Novo, divulguei o projeto, ajudei nas reuniões fechadas a dar uma roupagem liberal. Por pressão do Amoêdo, aceitei inclusive me filiar ao partido quando ele efetivamente nasceu, o que nunca foi minha intenção: como comentarista e ativista liberal, não quero estar preso a qualquer partido que seja. Mas confiei tanto no projeto que abri essa exceção – da qual me arrependo. Publiquei imagens minhas com a camisa do Novo também. Ou seja, eu literalmente vesti a camisa do projeto de Amoêdo e seus colegas!

Onde foi que ocorreu o afastamento? O Novo é um partido que abriga liberais mais "progressistas" e outros mais conservadores. Até aí, tudo bem. Eu mesmo recomendava nas reuniões que o Novo deveria evitar cascas de banana. O projeto era menos ideológico e mais prático: tornar o Estado mais enxuto e eficiente. Temas como aborto e legalização de drogas serviam apenas para causar fissuras internas, afastar gente competente. Eu nunca achei que o Novo fosse um partido conservador, e eu mesmo não tinha me tornado ainda um liberal mais conservador – o processo estava em curso, como expliquei em meu livro Confissões de um ex-libertário.

A decepção não veio tanto pela postura "progressista" de muitos filiados, e, sim, pela postura do próprio Amoêdo, principalmente durante o governo Bolsonaro. Sua obsessão em atacar o presidente o tornou uma espécie de sensacionalista demagogo, um típico esquerdista da velha política que fica "lacrando" nas redes sociais. Amoêdo passou a culpar o presidente por tudo de ruim que acontecia no mundo, terminando cada mensagem com a bandeira do impeachment. Ali ficou claro que ele tinha um projeto pessoal de poder, não de país.

Fora isso, o controle do partido sempre foi exercido com mão de ferro. Amoêdo foi quem colocou a grana, mas cheguei a acreditar que era por total espírito público, até por saber que ele teve um câncer, e esse tipo de doença ameaçadora pode mexer com nossa visão de mundo. Um homem muito rico, multimilionário, com três filhas jovens, pode ser tocado por uma experiência dessas e se dedicar a um projeto altruísta. Foi nisso que confiei. Acredito que fui ingênuo.

Muitas denúncias de "caciquismo" mostraram que Amoêdo não pretendia abrir mão do comando total da sigla que financiou. Mas o Brasil não precisa de mais um partido com dono. Isso é exatamente a velha política que pretendemos denunciar e derrotar. No mais, apesar de ótimos quadros no Legislativo e também no Executivo, como o governador Romeu Zema em Minas Gerais, ficou claro que o Novo tinha uma pegada "tucana", um foco estritamente economicista voltado para os interesses da Faria Lima. O laranja passou a ser o novo vermelho, ainda que desbotado. Política não é como um negócio, a escolha de um candidato não é a de um CEO, e o "purismo" pode ser uma forma de ignorar que o ótimo é inimigo do bom, lembrando que política é a arte do possível. Em suma, passei a ver o Novo como um PSDB melhorado, e isso está muito distante de um partido liberal que eu imaginei.

Na vida quase nada é binário. Não guardo necessariamente mágoas, apesar da decepção. Acho que o nascimento do Novo fez bem ao país, e perto do que temos na vida política é sem dúvida muito melhor do que a média. Tem, como já disse, muita gente boa. Mas o Brasil vive tempos perigosos, com o establishment unido no esforço de derrubar o presidente eleito, para facilitar a volta dos corruptos socialistas. Críticas pontuais e construtivas em relação ao governo ou ao presidente são legítimas e necessárias. Mas não foi nada disso que Amoêdo passou a fazer diariamente. Ele chegou a elogiar um Supremo Tribunal Federal que claramente se tornou uma das maiores ameaças à nossa democracia, por conta de sua partidarização e abuso de poder. Tudo para atingir Bolsonaro.

Essa obsessão estragou tudo, em minha opinião. Bolsonaro vai passar, seja em 2022 ou em 2026, caso reeleito. Mas essa postura lamentável do Amoêdo destruiu em mim a imagem que eu fizera dele ao longo dos anos. Eu não me dediquei tanto para ajudar a construir um novo PSDB, muito menos para contribuir com algum projeto pessoal de poder do próprio Amoêdo. E é exatamente assim que vejo as coisas hoje. Uma pena.

O livro do Motta ajuda a vislumbrar melhor esse personagem ambicioso, oculto num homem gentil e com fala mansa. Quando terminei de ler, fiquei mais convencido de que foi atraído para um projeto pessoal dele, e não era isso que me interessava. Que o Novo, então, siga seu próprio rumo, espero que colaborando para bons projetos em geral. Mas aquela fase de defesa quase apaixonada e incondicional ficou para trás. Eu me sinto traído.

[7]
Jornalista cancelado

Agora sim, eu era um ativista da causa liberal *"full time"*, um colunista de importantes veículos, um jornalista! Não cursei a faculdade de Jornalismo, graças a Deus! Ao observar meus pares, só posso agradecer mesmo, pois nove em cada dez são militantes esquerdistas que fingem imparcialidade e objetividade. Sobre esse escancarado, ainda que dissimulado viés ideológico da mídia, um livro exclusivo será escrito. Aqui cabe resumir a minha vida de jornalista, com passagem pelos principais grupos de comunicação do país (por conta da mudança deles, não minha, tenho certa vergonha desse currículo hoje).

Eu fui articulista da revista *Voto*, colunista dos jornais *Valor Econômico* (uma coluna sobre gestão de investimentos), *O Globo*, *Gazeta do Povo* e *Zero Hora*, além das revistas Época, *IstoÉ* e *Veja*. Em 2015 eu fui demitido pela Editora Abril e posteriormente tive todos os artigos de meu blog, produzidos durante dois anos, removidos do site da revista. Era uma política interna da casa, um tanto bizarra em minha opinião. Mas consegui transferir quase todo o conteúdo para meu blog na *Gazeta*.

Fui comentarista na Jovem Pan e na RedeTV, a minha única passagem pela televisão aberta. Apesar de ter passado por todos esses veículos, eu sempre fui um estranho no ninho, alguém de fora da patota, do clubinho. E isso ficou bem claro num episódio lamentável que deixou cicatrizes e lições. Em novembro de 2020, fui demitido da Jovem Pan após declarações polêmicas atribuídas erroneamente ao caso Mariana Ferrer, que ganhou repercussão nacional. Foi o meu primeiro grande "cancelamento", por ser um pária entre meus pares da mídia. Distorceram totalmente o que eu havia dito só para me difamar. E claro que a imprensa ajudou nessa falsa narrativa, sem qualquer compromisso com os fatos, à exceção da *Gazeta do Povo*.

O que eu disse numa *live* tinha um contexto ignorado pelos chacais da mídia. Eu falava da banalização do conceito de estupro, com base num livro de uma feminista libertária que rebatia as estatísticas absurdas de que uma em cada cinco mulheres foi alvo de estupro em universidades. Claro que é preciso adotar um conceito bem elástico do termo para chegar a esse número estapafúrdio e ridículo. Chamavam de estupro quando a menina *aceitava* subir para o quarto do rapaz, *consentia* em fazer sexo com ele, *procurava-o* nos dias seguintes, e somente depois, abandonada e recalcada, o denunciava por abuso.

Quem tem senso de justiça ou filho homem tem que ficar horrorizado com isso. E foi nesse contexto que mencionei a conversa com minha filha quando ela ingressou na universidade americana. Eu disse que ela não teria apoio se aprontasse uma coisa dessas, que era bom ela pensar duas vezes antes de aceitar certos convites, que ela tinha

AUTOBIOGRAFIA DE UM GUERREIRO DA LIBERDADE

que se dar ao valor etc. Era um pai sendo bom pai, nada mais. Ainda deixei claro que não estava falando do caso Mariana Ferrer, pois sequer tive tempo de mergulhar nele (acabou que tudo se mostrou justamente uma farsa, uma denúncia caluniosa). Os milhares de pessoas que acompanhavam a minha *live* compreenderam perfeitamente o contexto, e não houve um comentário sequer contrário.

Não obstante, alguém retirou um pequeno trecho do contexto e espalhou como se eu tivesse afirmado que colocaria minha filha de castigo se ela fosse estuprada, e que ainda defenderia o estuprador. Quem é pai pode imaginar a revolta de passar por esse assassinato de reputação de forma tão vil e abjeta. Para adicionar insulto à injúria, minha filha estava no Brasil, longe de mim, e quando a coisa ganhou uma proporção tal a ponto de Anitta se manifestar, ela gravou um vídeo chorando, dizendo que seu pai não era nada daquilo. Novamente a mídia podre entrou em ação, o UOL deu destaque para o rosto da minha filha, que não é figura pública, e as manchetes davam a entender que ela estava abalada com o que *eu* teria dito, sendo que ela estava abalada com a *distorção* feita pela corja midiática.

Até hoje, na *Wikipedia*, eis o que consta sobre o caso: "As falas davam a entender uma possível apologia ao estuprador, além de rebaixar a vítima. No dia seguinte, também foi demitido do Grupo Record, onde possuía uma coluna no portal R7, além de ser comentarista da Record News. A Rádio Guaíba e o jornal *Correio do Povo* também confirmaram a demissão". Tentaram destruir minha carreira, e quase conseguiram. A *Gazeta do Povo*, após uma investigação interna, bancou a pressão enquanto os fascistoides do Sleeping Giants promoviam uma campanha contra anunciantes – e vários cancelaram a parceria com o jornal.

Em janeiro de 2021, eu fui novamente convidado pela rádio Jovem Pan, desta vez para compor o quadro de comentaristas do programa *Os Pingos nos Is*, durante as férias de Augusto Nunes e de José Maria Trindade, e logo depois fui recontratado. Passei a fazer o "3em1", por onde passaram vários esquerdistas disfarçados de JOR-NA-LIS--TAS imparciais, que simplesmente comentavam os fatos sem qualquer preconceito ideológico ou influência de sua visão política do mundo.

Creio que foi nessa fase da minha vida que garanti o meu latifúndio celeste, pois ninguém merece aturar Vera Magalhães, Amanda Klein, Thaís Oyama, Josias de Souza, Fábio Piperno e *tutti quanti* todas as tardes da semana. O Tutinha gosta de treta e deve ter um gosto sádico para ter feito isso comigo. Ele alegava que era importante ter o contraditório, mas reconhecia o desafio de encontrar vida inteligente e honesta à esquerda. Acabava me consolando que essa turma toda servia de escada para meu sucesso, e recomendava um Rivotril para que eu não levasse minha revolta com as táticas pérfidas de retórica deles para as redes sociais.

Como já disse, o tema do viés da imprensa vai merecer um livro inteiro, mas fecho esse capítulo com um resumo: eu sempre coloquei o público em primeiro lugar, a minha consciência, e isso incomoda uma patota arrogante, que enxerga a própria audiência como um bando de Homer

Simpson que precisa de tutela, e que muda de opinião de acordo com o patrão. Eu mudei de opinião algumas vezes, e escrevi livros para explicar as mudanças. Mas não me arrependo de nenhum livro publicado, não preciso queimar o que escrevi no passado recente. Será que Reinaldo Azevedo, autor de *O País dos Petralhas*[9], pode dizer o mesmo?

---

9. AZEVEDO, Reinaldo. *O País dos Petralhas*. Rio de Janeiro: Record, 2008.

[8]
Fuga para os *States*

Boa parte do que relatei no capítulo anterior já aconteceu quando eu morava nos Estados Unidos, mas acho que é importante um capítulo exclusivo para essa mudança tão relevante em minha vida. Eu tomei a decisão de vir morar aqui na Flórida no dia 26 de outubro de 2014. Como sei a data com tanta precisão? Dá um Google. Sim, foi no dia em que foi anunciada a reeleição (suspeita) de Dilma Rousseff, contra o tucano Aécio Neves. A minha então esposa olhou para mim chorando e disse: "Chega disso, vamos embora daqui". E eu topei no ato. Afinal, sempre fui um americanófilo, e todo ano reproduzia esse meu texto "Nascido em 4 de julho", sobre a importância da América:

> *Dizem que errar é humano, mas insistir no erro é burrice. O que falar então de uma insistência ininterrupta, ano após ano, por mais de dois séculos? Hoje é o aniversário daquilo que foi um dos marcos mais importantes do mundo, a Declaração da Independência Americana. Ali estaria selada, em poucas palavras, a função básica do governo, afirmando categoricamente a soberania do povo sobre o Estado. Cada indivíduo seria livre na busca pela sua própria felicidade. As regras seriam iguais, não os resultados.*

Infelizmente, o homem tem memória curta e se esquece das aulas básicas de seus grandes pensadores. A visão de curto prazo, aliada à mentalidade de se dar bem explorando os outros, faz com que uma multidão troque a liberdade por algum favor do governo. A ignorância, somada ao desejo de ganho fácil, faz com que a massa deposite sua esperança num messias salvador, delegando função paternalista ao Estado. A perfídia, com pitadas de romantismo utópico, faz com que uma elite formadora de opinião condene a meritocracia e pregue soluções coletivistas para os problemas do mundo, levando ao socialismo ineficiente e injusto.

O governo não está acima do povo, mas, sim, depende de seu consentimento para ser validado. E isso não quer dizer, de forma alguma, que uma maioria está livre para fazer o que bem entender. A democracia não deve levar a uma simples ditadura da maioria. Os direitos individuais deverão ser sempre respeitados, e era esse o foco da Declaração que fundou a República americana. Cada indivíduo deve ser livre para perseguir sua felicidade, sem invadir a liberdade do outro. Reparem que não há como um governo garantir a felicidade, mas apenas o direito de cada um buscar a sua, livre da coerção alheia. E notem também que nesse percurso, o direito de um não pode destruir o direito do outro. Essa valiosa lição é hoje amplamente ignorada, com governos prometendo cada vez mais, sem se importar que para dar algo a alguém, precisa antes tirar de outro.

Na sabedoria de homens como Benjamin Franklin, John Adams e Thomas Jefferson, construíram-se os pilares que criariam a nação mais próspera do mundo. Não há superioridade racial, não há fatores genéticos, não há maiores recursos naturais, não há sorte. Foram os princípios adotados por estes homens que possibilitaram um meio amigável ao progresso humano. Foi a liberdade individual que estimulou o empreendedorismo e a inovação. Foi o conceito de troca voluntária, básico do capitalismo, que permitiu tamanho avanço. Os Estados Unidos são o que são hoje por mérito de um modelo eficiente, justo e adequado à natureza humana. Infelizmente, até os americanos vêm se afastando do conceito original que tanto os distanciaram do resto do mundo. O Leviatã estatal tem crescido por aqui, alimentando-se das liberdades individuais tão valiosas.

O pequeno texto da Declaração de Independência deveria ser relido com maior frequência, pois seus ensinamentos são constantemente esquecidos num mundo onde ideias coletivistas entram cada vez mais em moda. Trocam o objetivo conceito de justiça pelo abstrato termo "justiça social", como se coubesse aos burocratas do governo decidir como configurar a sociedade, escravizando seu povo para isso. Ofuscam a liberdade individual em nome da visão coletivista, como se existisse um "interesse nacional" ou "bem público" que justificasse o sacrifício dos indivíduos.

A esperança é a última que morre. Mesmo que distante do ideal de liberdade individual e de isonomia de tratamento, vários países adotaram a democracia ou ampliaram as liberdades individuais nas últimas décadas. Vamos continuar sonhando – e lutando – para que aquelas sábias palavras proferidas há mais de dois séculos tenham profundo impacto nos indivíduos. Hoje, dia 4 de julho, o mundo todo deveria comemorar. Afinal, não se trata somente do aniversário de uma nação livre, mas, sim, da própria liberdade. Antes dos Estados Unidos, os países eram calcados em tradições coletivistas, sem este foco na liberdade individual. Como defensor da liberdade, fico muito feliz de ter nascido em 4 de julho. Viva a liberdade!

Ou seja, morar nos Estados Unidos já era um sonho antigo meu, e com todas as circunstâncias apresentadas, tornou-se um imperativo categórico. Acabamos empurrando com a barriga a decisão tomada, e no Natal meus pais perguntaram como andava o plano. Resolvi levar mais a sério a ideia, tirá-la do papel, e em três meses fiz tudo que precisava fazer: vendi o meu apartamento, conversei com meus empregadores, em especial Eurípedes Alcântara da *Veja*, arrumei a papelada, peguei a filha, os cachorros e me mandei. Em abril de 2015 eu já estava em Weston, perto dos crocodilos do Everglades, ou do Sawgrass Mall, mais fácil para a brasileirada reconhecer, já que representa o principal público do shopping.

Como fui parar em Weston? Eu nunca tinha ouvido falar do lugar! Mas lembrei que um casal de vizinhos nossos tinha ido morar nos Estados Unidos. Falei para a Carol ligar para ela e sondar. A Fernanda é ótima vendedora de Weston, admito. Disse maravilhas sobre o lugar, destacou as ótimas escolas públicas, a proximidade com Miami, e pronto: eu bati o martelo. Quase comprei uma casa pela internet, sem ver de perto, de tão ansioso que estava. Ainda bem que não o fiz, pois os quartos eram minúsculos, e as fotos enganavam. A Carol acabou fazendo uma viagem só para isso em fevereiro, e fechamos um aluguel. No mês seguinte estávamos todos lá, prontos para recomeçar a vida.

Viemos com o visto de estudante, para a Carol estudar inglês, até resolvermos o que fazer. A ideia era ficar uns dois anos assim, mas ela cansou, e eu felizmente descobri o visto de jornalista, pouco badalado. Obrigado ao STF por esta! Não é preciso ter cursado Jornalismo para ser um jornalista, para desespero da patota que adoraria manter sua reserva de mercado e a garantia de que todos os jornalistas terão sofrido intensa lavagem cerebral esquerdista na faculdade.

Consegui fácil a aprovação do visto, provando que atuava mesmo como jornalista. O editor da *Veja* chegou a dar força para minha ida, alegando que ver tudo de fora me traria alguma vantagem, pelo distanciamento do barulho todo. Eu poderia analisar mais a floresta em vez de olhar apenas para as árvores. Sou muito grato pela força e pela visão, que realmente se concretizou. Isso sem falar para os tempos que chegariam de bolsonarismo: ter visto os anos de Trump eleito em 2016 de perto me daria enorme vantagem comparativa, já que a postura da nossa imprensa e do sistema foi exatamente igual nos dois casos.

Um ano após a minha chegada, eu já tinha tanto contraste cultural acumulado que escrevi meu livro *Brasileiro É Otário? – O Alto Custo da Nossa Malandragem*[10], um

---

10. CONSTANTINO, Rodrigo. *Brasileiro É Otário? – O alto custo da nossa malandragem.* Rio de Janeiro: Record, 2016.

pequeno tratado sobre o jeitinho brasileiro. Sempre fui americanófilo, e era até destino: não sou o Tom Cruise, mas sou nascido em 4 de julho. E de 1976, exatamente no bicentenário da Independência Americana. O livro não deixa de ser um compilado do que sempre tentei fazer em minha luta política: transformar o Brasil num país mais parecido com os Estados Unidos, com mais liberdade individual, mais império das leis, mais capitalismo.

Quando eu decidi me mudar, meu pai sugeriu colocar o meu apartamento na Barra para alugar, caso eu resolvesse voltar. Mas eu sabia que estava indo para ficar de vez. E por isso, após alguns anos com o visto de jornalista, resolvi me aplicar para obter o meu Greencard com base nas "habilidades extraordinárias". Montei um dossiê da minha vida profissional, peguei cartas de recomendação com pesos pesados e liquidei o quesito "premiação" com o meu Prêmio Libertas, concedido pelo Fórum da Liberdade de 2009. Aceitaram o meu caso, e me tornei então um residente permanente dos Estados Unidos. Poderei me tornar cidadão agora em 2023.

Nesse período, tive ainda um filho americano. O Antonio ficou relativamente conhecido do meu público, pois eu tinha o hábito de postar fotos e vídeos no meu Instagram. O moleque é a coisa mais fofa do planeta, um *"mini me"* muito melhorado, com os olhos claros. Quando ele nasceu em Hollywood, Flórida, eu escrevi um livrinho chamado *Uma Carta para Antonio*[11], um relato comovente da

---

11. CONSTANTINO, Rodrigo. *Uma Carta para Antonio: O que um Pai com Lucidez e Bom Senso Tem a Dizer ao Seu Filho Nesse Mundo Pós-Moderno e Relativista.* Edição *Kindle* autoral, 2017.

felicidade que ele me trazia e dos valores que eu gostaria de deixar para ele, caso alguma coisa acontecesse comigo. Era uma conversa nossa, na verdade, ele ainda bebezinho, um ser minúsculo com um dia de vida. Vou reproduzir aqui um trecho, pois acredito que esta carta diz muito sobre quem eu sou.

Carta para Antonio

27 de setembro de 2017, 16h18. Começo essa carta após uns bons minutos observando — reverenciando, na verdade — meu novo filho. Você mesmo, Antonio, que tem algumas horas de vida apenas. Depois de quase dezesseis anos, fui pai novamente. De um menino. Um menininho lindo, todo perfeitinho, que já me faz destacar a primeira mensagem que gostaria de deixar: gratidão.

Seja grato a tudo que a vida lhe der, meu filho. A começar... pela própria vida! Você faz ideia das chances de você, você ter nascido? Você tem noção do esforço, do desejo necessário para tê-lo aqui com a gente agora? Após mais de um ano de tentativas por meios naturais, sua mãe me convenceu a tentar a inseminação artificial. Falhou na primeira tentativa. Vingou na segunda.

Quais são as chances? Em tantos milhões de espermatozoides, em tantas tentativas, foi logo você, essa criatura doce e amável, a ser formada pelo encontro do meu espermatozoide com o óvulo da mamãe. Sim, claro que outro filho também poderia — e provavelmente iria — despertar a mesma paixão imediata, esse amor incondicional que já nos deixa preparados para morrer se preciso for para salvá-lo. Mas, no caso, foi você.

E deu tudo certo. Cheio de saúde, que é o mais importante. Gratidão. Muita gratidão.

A maioria das pessoas costuma pedir muitas coisas a Deus, ao mundo, aos outros. Comece, meu filho, pelo caminho contrário. Comece agradecendo. Louvando tudo que tem. Essa postura já faz toda a diferença do mundo. Há os pidões mimados, aqueles que acham que têm "direito" a tudo, e ficam revoltados quando não ganham aquilo que querem, e há os que entendem que viver já é uma dádiva, e que temos que ser gratos pelo que temos, correr atrás do que desejamos.

Sacrifício. Eis outra palavra fundamental, e meio fora de moda. Sua chegada ao mundo e sua permanência nele envolvem sacrifícios. Noites angustiantes pelas expectativas dos resultados daquelas tentativas, naturais ou artificiais. O custo do tratamento. A gravidez de sua mãe, sempre impondo uma dedicação enorme. Ela te carregou por esses nove meses com todo o cuidado do mundo, com privações, abrindo mão das coisas que mais ama, como comer bem e tomar uns vinhos comigo. Faz parte.

Não esperava reconhecimento. Bastava fazer isso por você, para que você pudesse nascer bem, com tudo em ordem. Eis a noção de sacrifício que alguns egoístas "racionais" têm atacado, meu filho. Nós nos sacrificamos por aquilo que amamos de verdade. Devemos nos sacrificar pela família, pela Pátria, pela civilização, pois as coisas boas raramente vêm de graça. "No pain, no gain", dizem os americanos. Você é um americano, é bom lembrar.

E brasileiro também. Essa mistura cultural pode ser interessante. Quero que você possa absorver o que há de

AUTOBIOGRAFIA DE UM GUERREIRO DA LIBERDADE

melhor em ambas as culturas. Mas não escondo minhas preferências. Tenho um livro criticando muito o "jeitinho brasileiro", a "malandragem" típica dos cariocas. Não posso mentir, portanto. Você vai logo perceber que papai é meio americanófilo, até por destino: nasci em 4 de julho, de 1976. Você vai aprender na escola quem foram os "pais fundadores" da América, gente como George Washington, Benjamin Franklin, John Adams e Thomas Jefferson. Ainda ensinam isso. Não conseguiram trocar por Che Guevara como símbolo do "herói", ao menos não aqui. Nas universidades é outra história, mas deixa isso para depois. Há tempo de incutir em você o antivírus dessa lavagem cerebral "progressista".

Você tem uma irmã, Antonio. Uma irmãzona! Precisava ver a cara que ela fez quando te viu pela primeira vez, quando te pegou no colo! Ela está doida contigo. Vai implicar muito com você, é verdade. E vai ser uma delícia! Vai te paparicar bastante também. Eis outra mensagem importante, filho: família é tudo na vida! Lembre-se sempre disso: vocês são mais fortes juntos, unidos. Vocês terão sempre um ao outro. Quando seu pai estiver velhinho, talvez doente, vocês poderão dar suporte mútuo, compartilhar da dor, e também lembrar os muitos momentos felizes que tivemos, todos nós. Ame sua família, respeite sua irmã, e não esqueça que certas "amizades" vêm e vão, mas a família fica. Valorize-a. E isso quer dizer regar todo dia a semente do amor e do respeito familiar. Há muita gente tentando destruir o conceito de família hoje, considerar qualquer coisa como família. Mas família são laços fortes, de sangue, fruto do matrimônio. Uma comunidade hippie não é uma família, mas um ajuntamento de indivíduos. Nós somos uma família.

Não é culpa sua, Antonio, mas você nasceu numa época estranha, dominada pelo relativismo moral e o antirracionalismo pregado pelos pós-modernos, por malucos como Foucault e Derrida. Você não precisa saber quem eles são agora. Basta entender que os loucos tomaram conta do hospício, e você veio ao mundo sob o comando dessa gente maluca. Mais um motivo para eu me esforçar em te transmitir tais valores, deixar esse testamento ético por escrito. Eles serão mais e mais necessários como antivírus à lavagem cerebral lá de fora.

Por exemplo: existe o certo e existe o errado. Não acredite nessa conversinha de que "vale tudo". 2 + 2 será sempre igual a 4, não importa o que a maioria diga, ou o governo, ou os "especialistas". Confie em seu próprio raciocínio, mas tenha sempre humildade para admitir que você pode estar errado. Ou seja, saiba que existe o conhecimento objetivo, mas que somos seres falíveis. Isso impede a arrogância excessiva. Desconfie do "argumento de autoridade", inclusive de seu pai, para poder buscar a verdade por conta própria. Mas tenha a humildade de estimar o legado que recebeu.

Você tem sorte por ser americano, ocidental. Sua geração é a mais próspera de todas. Não obstante, vive reclamando de tudo, procurando pelo em ovo como rebeldes sem causa. A própria afluência produz esse fenômeno. Não embarque nessa. É feio. É coisa de gente mimada, que cospe no prato que comeu, gente ingrata. Tenha a hombridade de reconhecer que outros fizeram muito por vocês, entregaram um mundo mais livre e rico. Procure enxergar longe subindo no ombro de gigantes, e atestando a existência desses gigantes, em vez de pisar neles. Nada mais ridículo do que achar que o mundo começou agora, que antes tudo era só superstição e ignorância obscura. O que quero dizer com isso é o seguinte: há toda uma tradição que você já herdou. Seja grato a ela também. Não queira encontrar só defeitos, ou fazer tabula rasa do passado. Respeite a vovó e o vovô, o nonno e a nonna.

Burke, um pensador que seu pai gosta bastante, falava que o verdadeiro pacto social é entre os que já morreram, os que vivem e os que nem nasceram ainda. Você recebeu um mundo com muitos problemas, é verdade, mas civilizado, desenvolvido, rico. Nem faz ideia de como viveram seus antepassados, das guerras que lutaram para garantir a sua liberdade. Você nasceu numa grande nação, a América. Não deixe seus professores mentirem, dizerem o contrário, impor uma narrativa e que os Estados Unidos são responsáveis pelas mais terríveis coisas do mundo. Nada mais falso. São responsáveis pela liberdade, lutaram e derrotaram o comunismo, o nazismo, o fascismo. Evite o antiamericanismo infantil, filho. Isso é uma patologia de gente invejosa, ou de elite culpada, que desfruta do conforto e da segurança do capitalismo bem americano.

A civilização é uma conquista. Mas, como dizia Reagan, um ex-presidente que seu pai admira muito, a liberdade está sempre a uma geração de ser perdida. Ou seja: vocês precisam manter a chama da liberdade acesa! Vocês herdaram um legado e têm a obrigação, a responsabilidade, o dever moral de entregar um mundo no mínimo tão bom quanto aos seus filhos e netos. De preferência melhor. Acho que minha geração falhou terrivelmente nessa função. Tentei fazer minha parte, filho. Você faça a sua. Não importa se se sentir impotente às vezes. Faça o melhor que você puder, que estiver ao seu alcance. Seja um bom pai, um bom amigo, um bom marido, um bom cidadão. Um patriota.

[...]

Tenho muito orgulho de minha trajetória, de meus livros, de tantos textos e palestras, que já mudaram a vida de muitas pessoas. Sei disso, pois recebo o retorno desses leitores, os mesmos que te desejaram muita saúde e felicidade no seu primeiro dia de vida. Sim, você nasceu popular, com mais de 10 mil "curtidas" no Facebook. Isso é o resultado da admiração e do respeito que essas pessoas sentem pelo seu pai, e que me comovem, que servem de combustível para eu insistir nessa batalha às vezes inglória, e quase sempre cansativa.

Afinal, tentar levar um pouco de lucidez e de bom senso para um mundo enlouquecido não é tarefa simples. Os malucos assumiram o hospício e trancaram os médicos nas celas, e ainda chamam os normais de doidos, quando não de coisa muito pior. Mas não vou desistir. E você, Antonio, é o melhor motivo do mundo para isso: eu quero que você cresça num mundo melhor, com valores morais estabelecidos, com prosperidade, com ética, com oportunidades melhores, com resultados de acordo com o esforço e o mérito individuais, com respeito pelo próximo, pelas tradições que herdamos. É preciso esforço para conservar, filho, enquanto para destruir é muito fácil. Eis o problema: os preguiçosos e medrosos querem destruir tudo, ver desmanchar tudo que é sólido no ar, enquanto nós lutamos para preservar o que deve ser preservado, para transmitir os bons costumes aos nossos filhos, para deixar vocês numa situação melhor do que a nossa, capazes de fazer as próprias escolhas cientes do que está em jogo.

Vai, filho, viver sua vida, cometer seus próprios erros, aprender com eles. Não tente viver a minha vida. Nem tente viver a sua para mim. Cada um é de um jeito, e você tem direito à sua própria vida. Mas lembre-se desses alertas, dessas lições, pois certas coisas são universais e também atemporais. Há coisas que Aristóteles disse milênios atrás e que continuam totalmente válidas. A sabedoria – a verdadeira sabedoria – é eterna.

Busque conhecimento, leia os clássicos, tenha humildade e sede de aprendizado. Não deixe a vida te levar, pois você não é uma boia à deriva ou um animal irracional, e, sim, um ser humano, feito à imagem de Deus. Até um agnóstico pode compreender o significado disto: você tem vida inteligente dentro de você, é amado por um Pai de forma incondicional, e deve fazer o melhor uso possível dessa ferramenta, que é a razão, e dessa dádiva, que é sua própria vida. Você não é só um amontoado de células, como querem os materialistas. Sua vida tem propósito, tem significado.

Vai, filho, curtir seus momentos bons, sofrer suas dores inevitáveis, descobrir as coisas maravilhosas da vida. Vai ser você mesmo, o Antonio, alguém único. Se eu conseguir incutir em você o desejo pela vida e a paixão pelo conhecimento, então terei feito meu trabalho direito. Não quero moldar quem você é ou vai ser; quero apenas te fornecer as ferramentas para que você mesmo possa fazer isso da melhor forma possível. Espero ter dado um bom pontapé inicial. Essa nossa conversa ainda continua.

Mas agora preciso mesmo dormir. Nem sei como estou acordado ainda. É o amor, que justifica o sacrifício. É o senso de dever. É o desejo de fazer o que estiver ao meu alcance por você, filho. E para isso os bons pais nunca vão descansar. É uma tarefa contínua, ininterrupta, cansativa, mas também gloriosa. Que recompensa para um pai pode ser melhor do que ver seu filho feliz, levando uma vida decente, construtiva, honesta? Basta imaginar qual deve ser a decepção de um pai cujo filho se torna petista para ter uma ideia. Toc-toc-toc.

27 de setembro de 2017, 21h46. Fico por aqui, pois a cabeça já dói e nem o remédio surtiu efeito. Mas eu precisava escrever esse relato todo de uma só vez. Sabia que só assim ele sairia da forma mais sincera possível, num papo reto de pai para filho, sob as emoções de vê-lo desse jeito, tão fofo e ao mesmo tempo frágil. O papai vai estar sempre lá quando você precisar filho. Não para escolher por você, mas para servir como um porto-seguro nas horas de maior desamparo e angústia. Gosto da metáfora usada por Içami Tiba em Quem ama, educa! [12]: quero ser como seu pit stop na Fórmula 1, ou seja, não correr com você a corrida da vida, e, sim, estar lá como referência para quando você realmente precisar. Te amo, filho. Boa noite!

###

---

12. TIBA, Içami. *Quem Ama, Educa! – Formando Cidadãos Éticos*. São, Paulo: Integrare Editora, 2007.

Quando ele tinha apenas um aninho, porém, aconteceu novamente. A minha então esposa surtou com sua doença, e dessa vez de uma forma que eu jamais tinha visto. Eu estava em outro país, sem a minha família toda, com um bebezinho, e meu chão se abriu. As contingências do destino pregaram uma peça para me testar. Foram os piores meses da minha vida...

[9]

Casado com a loucura

Esse livro não é tanto uma biografia pessoal quanto é profissional. O interesse do leitor, creio, está mais voltado para a minha trajetória de carreira e na minha formação intelectual. No mais, costumo ser discreto com minha vida particular. Mas como o que vou relatar já se tornou público, e como vejo ligação com minhas decisões posteriores, farei aqui um breve relato da coisa, no capítulo mais curto do livro.

Minha ex-mulher, mãe dos meus dois filhos, já foi diagnosticada mais de uma vez como bipolar. Durante a fase de namoro, isso não era tão perceptível assim. No primeiro divórcio, algo já se mostrou bem fora do lugar. Tentei culpar nossa imaturidade e juventude, com uma filha nova, até a minha postura de "velho". Mas olhando em retrospecto, já era a bipolaridade afetando tudo. Ali ela tivera o primeiro surto de mania, caindo em depressão em seguida.

Acabamos voltando, e pensando na família, casei-me uma vez mais, com a mesma mulher. Quando entendeu o que se passava, a juíza chegou a dar uma bronca em nós dois e disse que esperava que fosse a última vez, que casamento não é brincadeira. Mas não foi a última vez.

Já em Weston, alguns episódios demonstraram que a doença estava lá. Só quem convive de perto com um bipolar pode realmente compreender. A analogia mais próxima que conheço é a de uma possessão demoníaca: a pessoa efetivamente se transforma de uma maneira irreconhecível. Mas fui tentando levar, administrar a situação, estarrecido diante de surtos esporádicos.

Até a coisa degringolar de vez. Sempre há gatilhos, e é possível buscar as possíveis "causas". Mas a realidade é que o bipolar, sem o devido medicamento, sai de si eventualmente, e dependendo do surto, sai da "casinha" completamente. Recomendo o filme *Tocados pelo Fogo*, com Kate Holmes e Luke Kirby, que retrata bem a doença. Ou a série *Ozark*, que também lida de forma realista com a bipolaridade.

Encurtando uma longa história, minha ex-mulher teve um surto psicótico violento, transformou-se numa pessoa terrível, que buscava destruir a "outra", e tudo que ela amava. Virou até petista! E não estou de brincadeira: ela entrou em grupos petistas e passou a me detonar com mentiras toscas. Fez a minha mãe de bode expiatório e passou a demonizá-la. Emagreceu vários quilos, não comia, vivia extremamente acelerada e paranoica. Chegou a chamar a polícia contra mim três vezes, do nada! Foram tempos infernais em minha vida.

Quando a mania passou, veio a depressão. Nosso filho tinha pouco mais de um ano. Escutei as maiores barbaridades do mundo, mas tive pena, e criei uma narrativa confortável, porém falsa: os dois maiores surtos, que culminaram em divórcios, ocorreram pouco depois dos nascimentos de cada filho. Será que a doença era alimentada para valer no pós-parto?

Se ela nunca mais tivesse filhos, tomasse os remédios consciente do problema, talvez fosse possível ter uma vida quase normal. Apostei nisso, pela família, pelo meu filho. Isso depois de um sofrido e caríssimo processo de divórcio nos Estados Unidos, com meu advogado espantado com o que eu tinha que aturar. Alguns amigos comuns, cientes do que eu sofri nesse período, tentaram me convencer de que era possível perdoar e recuperar a família. Era a doença, não ela, quem disse e fez aquelas coisas todas...

Aceitei-a de volta em casa, tivemos alguns meses bons, e passei até a ajudá-la com o senso de propósito, colocando-a para trabalhar na minha *live* TudoConsta. Mas durou somente uns anos. Notei a aceleração gradual, que ela mascarava com a alegação de que fora diagnosticada com TDAH, e isso, sim, era o motivo da mudança de comportamento. A psiquiatra receitou remédios que aceleram ainda mais a pessoa, num erro médico imperdoável. E chorei quando vi que era tarde demais, que viveria aquilo tudo novamente. Dito e feito.

Só que dessa vez ela tinha quase 15 mil seguidores em suas redes, fãs meus que transferi por meio das *lives* para ela. E ela passou a me atacar de forma totalmente absurda nas redes sociais, inventando mil coisas sobre mim, expondo-se de forma triste. Não havia nada que eu pudesse fazer, a sensação de impotência era enorme. Tentei, com a ajuda da psiquiatra, levá-la ao hospital para uma avaliação, com um *Baker Act* escrito recomendando a internação. Mas nos Estados Unidos, graças ao movimento antimanicomial encampado por malucos como Foucault, não se pode realizar uma intervenção compulsória. Como ela não representava, aparentemente, um risco claro e iminente para terceiros, foi liberada depois de três horas. E quando saiu pela porta do hospital, morreu para mim. Ali passei a fazer o luto da minha mulher e aceitar a ideia de que teria de conviver com essa estranha.

Meu único objetivo era proteger nosso filho, e quem acompanhou de perto o caso sabe o quanto eu fiz para tanto. Era a minha obsessão na vida. Eu me tornei um "pãe", pai e mãe ao mesmo tempo, especialmente quando ela embarcou para o Brasil "para se tratar", e lá permanece até agora, longe do filho há mais de ano.

Eu tive que tornar sua doença pública pelo fato de ela não parar de me atacar com mentiras nas redes sociais, repetir que eu era agressivo com ela e com nosso filho, e que ela tinha "fugido" para se proteger. Pensei várias vezes em processá-la por calúnia e difamação, mas considerei o impacto nos filhos e julguei que a melhor estratégia era simplesmente deixá-la falar, pois qualquer pessoa minimamente razoável percebia que estava fora de si. Tanto é que nem meus inimigos da esquerda exploraram o caso contra mim.

AUTOBIOGRAFIA DE UM GUERREIRO DA LIBERDADE

Tudo isso é muito triste e machuca até hoje. Encerro aqui o assunto, apenas para explicar como me tornei o paizão que priorizava os filhos acima de tudo. Minha filha já era a essa altura uma linda mulher, inteligente, com valores, batalhadora. Claro que ela também precisa muito de mim, do meu carinho, dos meus cuidados, mas se algo acontecesse comigo, ela tocaria a vida. E o moleque, com cinco aninhos? Eu era tudo para ele e não poderia me arriscar a ponto de deixá-lo sozinho no mundo. Esse medo foi crucial em certas decisões.

[10]
Ovelha desgarrada

Como depois da tempestade vem, se não a ambulância, a calmaria; as coisas começaram a voltar aos trilhos em minha vida. Claro que essa tragédia afetou meu trabalho, e eu tinha que me equilibrar entre os incêndios que precisava apagar, com os ataques, a educação do pequeno e meu trabalho. Não foi nada fácil, mas é muito bom ter um público que gosta de você e que quer o seu melhor. Esse apoio foi muito importante para me dar força.

E, apesar de tudo, fui avançando, olhando o copo meio cheio, sempre grato por tudo que tenho, em especial meus filhos. Não acho que essa postura seria possível na minha fase ateísta, arrogante, "racional". O que foi me preparando para o "vale de lágrimas" que parece inevitável na vida foi o retorno da minha fé, da crença em Deus. Isso foi acontecendo aos poucos, por vários motivos: maturidade, leitura, reflexões.

Sou um questionador. Considero-me, modéstia às favas, alguém com alguma inteligência. Essa combinação raramente leva ao fervor religioso. Mas quem tem humildade suficiente e o desejo sincero pela verdade, acaba encontrando Deus por meio dos próprios questionamentos e da inteligência. Foi o caso de gigantes como C. S. Lewis (1898-1963). Estou em ótima companhia, portanto.

Considerava-me uma ovelha desgarrada. Em algumas palestras para cristãos, cheguei a brincar que já sabia qual era o destino, o ponto de chegada, mas que Deus era muito paciente e aguardava meus passos lentos em sua direção. Alimentei por tempo demais o ceticismo em basicamente tudo, e hábitos enraizados não se esvaem facilmente.

Meu tio padre, na verdade o primo que cresceu como irmão da minha mãe, faleceu nessa época. Ele era uma pessoa maravilhosa e muito paciente. Adorava conversar com o "sobrinho" ateu e fazia perguntas que plantavam sementes por meio de reflexões instigantes. Zezinho teve participação em minha "conversão", ou volta para casa.

A arrogância dos "humanistas" que tratam os crentes como um bando de fracos ou idiotas também foi me mostrando o desamparo dessa gente, incapaz de reconhecer a sabedoria de nomes como Chesterton (1874-1936). Aliás, as histórias de Padre Brown são fantásticas e contribuíram para meu despertar.

Ainda estou engatinhando no meu aprendizado sobre Deus, como bem disse minha namorada, uma católica praticante e pessoa maravilhosa, que me fez desejar frequentar as missas aos domingos novamente. O namoro, ainda no começo enquanto escrevo essas linhas, foi uma das melhores coisas que aconteceu em minha vida, pois se trata de um amor verdadeiro e uma relação madura, carinhosa, segura, de uma forma que nunca tive na vida. Agradeço a Deus por me conceder essa experiência, mesmo depois de "velho".

O fato de ela ter sua grande cota de sofrimento com tragédias ajuda, de certa forma, ambos a compreender a dor um do outro. Ela ficou viúva ainda cedo, quando seu marido morreu num acidente de avião, e teve de cuidar dos três filhos por conta própria. Acabou se mudando para os Estados Unidos (nasceu aqui quando os pais estavam de passagem por Nova York) e demonstrou muita garra para se reinventar profissionalmente e para educar – muito bem! – seus lindos filhos. Impossível não a admirar muito. E para melhorar, sempre foi de direita, conservadora, e já acompanhava meu trabalho de perto. Eu tirei a sorte grande, ganhei na loteria. Deus existe!

Esse resgate da minha fé em Deus tem trazido serenidade para minha vida tumultuada e uma força que desconhecia para enfrentar as contingências do destino. A guerra contra nosso ego é permanente, mas tenho me colocado como um servo de Deus com maior humildade e aceitação daquilo que Ele planejou para mim, lembrando-me sempre de minha responsabilidade nessa jornada, graças ao livre-arbítrio que nos foi concedido. Todo começo de *live* TudoConsta, eu olho para o crucifixo em minha parece e peço para que eu seja utilizado como um instrumento para colaborar com um mundo um pouco melhor.

Além desse aspecto mais pessoal, há, claro, o lado social. O legado do cristianismo é inseparável do sucesso ocidental. Uma sociedade livre e responsável requer um tecido social decente, valores sólidos disseminados. Essa percepção antecedeu a conversão pessoal, e mesmo quando eu era um agnóstico liberal, já tinha me dado conta da importância do conservadorismo religioso.

Se você acredita em um Criador, você responde a uma autoridade superior, realmente suprema, que está acima das leis dos homens, sempre imperfeitos. Você dá a César o que é de César, mas não dá tudo, não se torna um escravo do Estado, pois responde a Deus acima de tudo. Crentes com esse perfil costumam não só ter uma régua moral mais rigorosa, mas também fugir do relativismo mundano. Essas pessoas costumam ter mais força para enfrentar as injustiças dos homens também, pois sabem que o verdadeiro julgamento vem depois, quando seu Pai avaliar o comportamento aqui nesta vida.

Isso traz determinação, coragem, firmeza e clareza morais, tudo aquilo que os potenciais tiranos mais odeiam em suas presas. Os autoritários coletivistas precisam substituir esse Deus pelos "deuses" modernos, como o Estado ou Gaia, o planeta, de modo a justificar seu abuso de poder. As religiões políticas e seculares são antagônicas ao cristianismo.

Segundo Chesterton, foi o cristianismo, que ajudou a moldar nossas instituições e valores morais. Em *O Homem Eterno*[13], ele diz: "A Europa foi virada de cabeça para baixo muitas e muitas vezes, e no fim de cada uma dessas revoluções a mesma religião estava outra vez no topo".

---

13. CHESTERTON, G. K. *O Homem Eterno*. Campinas: Ecclesiae, 2014.

Antes dele, Tocqueville (1805-1859) também percebeu a ligação entre a religião de Cristo e a liberdade ocidental, especialmente a britânica: "Eu desfrutei, na Inglaterra, do que há muito tempo eu estive privado – uma união entre os mundos religioso e político, entre a virtude pública e privada, entre o cristianismo e a liberdade". Liberdade esta que não sobrevive num vácuo de valores morais, e sem gente com estamina suficiente para defendê-la, para lutar por ela, para morrer por ela, se preciso.

É inegável que há certo desprezo no andar de cima em relação aos crentes, como se fossem todos manipulados por religiosos oportunistas. O mesmo que demonstra devoção religiosa a ideologias, que reverencia o Estado, Gaia ou até a menina Greta, olha com desdém para o cristão, com um misto de ojeriza e pena. Ele tem, afinal, uma visão "científica" do mundo, ao contrário dos reles mortais, que acreditam em papai do céu.

Mas essa arrogância é despropositada. Vale lembrar, para começo de conversa, a enorme quantidade de pensadores extremamente inteligentes e cultos, o que inclui muitos cientistas, que foram ou são religiosos, cristãos.

Um deles, simplesmente genial, escreveu: "Sabemos, de fato, que os crentes não são separados dos incrédulos por qualquer inferioridade portentosa da inteligência ou por qualquer recusa perversa do ato de pensar. Muitos deles foram pessoas de mente poderosa. Muitos deles foram cientistas". Trata-se de C. S. Lewis, um dos mais importantes escritores britânicos de todos os tempos.

Além desse fato, há ainda a enorme quantidade de inimigos que atacam a fé religiosa desde sempre. Vista como projeção de nossos medos primitivos, um embuste tramado por autoridades oportunistas, uma ilusão coletiva ou um complexo freudiano, a verdade é que a fé religiosa sofre os mais duros golpes desde que o homem é homem. Não obstante, ela segue firme e forte, é resiliente, resiste ao teste do tempo.

Lewis novamente: "Eu nunca vou crer que um erro contra o qual tantas e variadas armas defensivas tenham sido consideradas necessárias foi, desde o início, totalmente desprovido de plausibilidade". Todo esse tumulto febril que agita o país, citando o Hamlet de Shakespeare, "obviamente implica um inimigo respeitável".

Não tenham vergonha, portanto, de admitir sua fé religiosa. Pode ser modinha bancar o ateu militante, como se isso fosse garantia de um selo de inteligência ou coragem. Besteira. Como todo cristão que se preza sabe, coragem mesmo é exigida de quem aceita as imposições de uma religião que cobra de nós os mais altos padrões morais. Muitos querem apenas se "libertar" dessas amarras para dar vazão aos instintos mais básicos e animalescos do bicho homem. Uma falsa liberdade, claro. O "progressismo" secular tem levado o mundo ao abismo, ao niilismo, aos impulsos bárbaros.

Ironicamente, são esses "progressistas" que falam da religião como um instinto primitivo. Puro preconceito infundado. A civilização ocidental não é a mais avançada que existe por acaso. Seu sucesso é indissociável do legado cristão. E, como parte desse incrível legado, temos o conceito da caridade.

AUTOBIOGRAFIA DE UM GUERREIRO DA LIBERDADE

Os estoicos já enalteciam, de alguma forma, a ajuda ao próximo, mas nada se compara ao que veio com o advento do cristianismo. Afinal, a sabedoria, para o estoicismo, envolvia certa indiferença em relação ao próprio sofrimento, o que era naturalmente estendido ao próximo. Diante da dor, sua ou de outro, o estoico deveria mostrar-se superior, o que levou alguns famosos membros do estoicismo a posturas que veríamos como monstruosas hoje, como a reação de Anaxágoras (c. 500-428 a.C.) ao saber da morte do seu filho: "Eu nunca pensei que tivesse gerado um imortal".

Sêneca (c. 4 a.C.-65 d.C.), um dos romanos mais sábios de todos, assim se manifestou sobre a piedade: "O sábio poderá consolar aqueles que choram, mas sem chorar com eles; socorrerá o náufrago, dará hospitalidade ao proscrito e esmolas ao pobre [...], restituirá o filho à mãe em prantos, salvará o cativo da arena e até mesmo enterrará o criminoso – mas em toda a sua mente e no seu semblante estará igualmente imperturbável. Não sentirá compaixão. [...] Só os olhos doentes se umedecem ao verem lágrimas em outros olhos".

Os cristãos mudaram isso. Após seu avanço, o doente passou a ser aquele que não chorava junto, que não molhava os olhos ao ver a desgraça alheia. O novo mandamento de Jesus Cristo, afinal, era claro: "Assim como Eu vos amei, amai-vos também uns aos outros". Uma meta um tanto difícil, quiçá utópica, mas que serviu como um norte para seus seguidores, um objetivo que permanentemente os lembrava de que somos todos iguais, universalizando a caridade. É o que irmãos fazem.

O resultado prático disso foi que os primeiros hospitais, como os conhecemos, foram provavelmente criados pela Igreja. No século IV, a Igreja começou a patrocinar a fundação de hospitais em larga escala, de tal modo que quase todas as principais cidades acabaram por ter o seu. Casos como o dos hospitalários de São João ficaram conhecidos e se espalharam pela Europa.

Os mosteiros medievais tiveram grande papel na caridade, e sua dissolução, no século XVI, levou "a uma drástica redução das fontes de caridade", segundo o pesquisador Paul Slack. O mesmo aconteceu após a Revolução Francesa, cujo ataque à Igreja abalou a fonte de inúmeras boas obras. Em 1847, a França já contava com quase 50% a menos de hospitais do que no ano do confisco pelos jacobinos.

O mundo é melhor quando há mais caridade. Mas esta jamais pode ser obrigatória, sob a mira de uma arma. Não há escolha nesse caso. Portanto, não há moralidade. Vale notar que os países mais capitalistas, como os Estados Unidos, são também os mais caridosos e filantrópicos. Empresários ricos doam fortunas para a caridade. O cristianismo teve sua enorme parcela nesse legado moral, sem dúvida. Busco ser o mais generoso possível em minha vida, e isso melhorou muito com a reaproximação com Deus.

[11]
O *Poker* da vida

Quando o Tutinha me ligou para me recontratar após meu cancelamento, negociei com ele que faria o *Jornal Jovem Pan* todas as noites, menos às quintas-feiras. E fui totalmente sincero em meus motivos: trabalho enfurnado em casa, no meu *bunker*, quase não saio, e preciso do meu convívio social. Toda quinta rola a "*poker night*", e cheguei a fazer uma sala de *poker* na minha casa, com uma decoração bem machista e politicamente incorreta: armas, mulheres, carros, uma "*men's cave*" de primeira!

O *poker* passou a ser fundamental em minha vida, não só pelo lado social, pelos bons amigos e a diversão num evento que virou gastronômico também, como pelas lições do próprio jogo para a vida. Muita gente não sabe, mas o *poker* não é um jogo de azar. Ele depende muito da sorte, claro, mas há ciência de probabilidade envolvida, além da "leitura humana". Os jogadores profissionais mesclam esse lado mais psicológico com o matemático, e mesmo assim o fator sorte pode ser preponderante naquele dia específico.

"Só porque alguém que não conhece muito sobre *blackjack* ganha cinco mãos seguidas, isso não quer dizer que você pode derrotar a banca", disse Jonathan Burton. No *poker* é a mesma coisa: o sujeito que não entende muito pode até vencer um dia, mas isso não quer dizer que ele tenha absorvido as importantes lições do jogo – e da vida. O *poker*, assim como o mercado financeiro, acaba trazendo à humildade o arrogante, aquele cheio de si só porque confunde sorte momentânea com inteligência ou sabedoria. Quem depende total e somente da sorte está jogando roleta, não *poker*.

Escrito em 1866 e parcialmente autobiográfico, *O Jogador*[14] relata o drama da compulsão pelo jogo, vivido pelo próprio autor Dostoiévski. Os cassinos europeus conquistavam muitos russos na época, e as roletas eram o principal foco de fascínio. Algumas lições aprendidas na pele pelo romancista podem ser úteis ainda hoje para muitos especuladores.

A analogia entre cassino e bolsa não é das melhores, pois a última representa ativos reais cujos fluxos de caixa sustentam de forma concreta as apostas. No entanto, a postura de muitos especuladores diante das apostas em ações infelizmente apresenta enorme similaridade com a dos jogadores compulsivos de roleta, descritos por Dostoiévski. Não são poucos os que mergulham no dia a dia frenético das bolsas em busca da mesma adrenalina encontrada nos cassinos mundo afora.

---

14. DOSTOIÉVSKI, Fiódor. *O Jogador*. São Paulo: Editora 34, 2011.

O trecho em que Alexei Ivanovich, principal personagem do livro, descreve como descobriu que era um jogador é particularmente importante: "Neste momento senti que eu era um jogador. Senti isso como nunca até então. Minhas mãos tremiam, as pernas vergavam-se, as têmporas pulsavam agitadamente". Eis o tipo de emoção que *não* deve caracterizar um investidor. Se as oscilações nos preços das ações despertam este tipo de reação, então é melhor buscar ajuda num divã. Caso contrário, a probabilidade de se perder tudo que tem é alta, tanto em Vegas como nos mercados financeiros.

O antídoto contra esse vício foi encontrado pelo próprio autor, quando ele expõe o segredo do sucesso no jogo: "Esse segredo, aliás, bem o sei, é o que há de mais simples e estúpido. É preciso unicamente domínio sobre si mesmo e, sejam quais forem as peripécias do jogo, a gente deve evitar o entusiasmo excessivo". Em outras palavras, o segredo é ter autodomínio. Claro que isso é mais fácil falar do que fazer. Mas quem sucumbir às emoções, deixando de lado o autocontrole, sem dúvida chegará rapidamente ao precipício.

Na roleta, as probabilidades estão contra o jogador. No longo prazo, a banca sempre será a vencedora. Nos mercados de ações, o investidor pode tentar maximizar suas chances de ganho. Ele pode fazer seu dever de casa, pesquisando mais sobre as empresas nas quais investe. Como aconselhou o famoso investidor Peter Lynch, devemos gastar pelo menos o mesmo tempo pesquisando a ação que desejamos comprar, que gastaríamos na compra de um refrigerador. Ele pode ter disciplina sobre quando estancar suas perdas, em vez de alimentar a tola esperança de que vai recuperar tudo numa última tacada desesperada. Ele pode saber a hora de nada fazer, aguardando um ponto de entrada mais favorável. Enfim, existem meios de pelo menos reduzir os riscos de perdas acentuadas nos mercados. Paciência e perseverança são fundamentais aqui.

Mas nada disso é garantia de sucesso. Aquilo que *não* sabemos pode ser fatal. Tentar obter o máximo possível de conhecimento e ter uma estratégia mais disciplinada representa mecanismos importantes para tentar jogar as probabilidades de ganho a seu favor, focando no longo prazo. Mas nesse negócio não existe garantia de sucesso. E o próprio Dostoiévski demonstra isso numa passagem do livro: "A mim parece que, no fundo, todos esses cálculos sobre o jogo não significam lá grande coisa e longe estão de possuir a importância que lhes pretendem atribuir muitos jogadores. Oh, esses jogadores entendidos! Plantam-se ali tendo nas mãos papéis cobertos de números, anotam cuidadosamente todos os golpes, contam, calculam as probabilidades e, após haverem recebido todos os prós e contras, apontam e perdem... exatamente como os simples mortais que jogam sem raciocinar".

Depois de jogar quase toda quinta *poker* com a mesma turma, a gente passa a rir dos *"bad beats"*, das apostas "estúpidas" que acabam vencendo, das teorias esdrúxulas e exóticas como aquelas que o Cubanito, o único que não é brasileiro no grupo, sempre levantava: no *"heads up"* é *"fifty-fifty"* de chance, descubra quem é a sua "criptonita" da noite, as cartas eram "naipadinhas" etc. Os profissionais iam ao desespero, mas não necessariamente venciam muito mais. O preparo técnico é importante, sim, e no longo prazo faz mais diferença, mas naquela noite em particular, tudo pode acontecer...

Como ignorar isso quando vemos tantos gestores profissionais afundando junto com os mais leigos nas crises financeiras? Analistas com salários de sete dígitos recomendando ações que viram pó, eis um alerta importante sobre o perigo do desconhecido. Se existe algo que os mercados não costumam tolerar é a arrogância do especulador, a ilusão do conhecimento pleno e muito diferenciado. Entre os métodos de autocontrole, a humildade para reconhecer os limites do conhecimento e da capacidade de prever o futuro é fundamental. Tanto o jogador compulsivo guiado por emoções quanto o arrogante que se julga em posse da verdade científica absoluta irão naufragar rapidamente, seja em Vegas ou nas bolsas. E para os que buscam adrenalina, existem hobbies mais saudáveis – e mais baratos.

Em *The Biggest Bluff*[15], Maria Konnikova resolve que vai aprender *poker* e se tornar profissional de sucesso na área em apenas um ano, usando sua base em psicologia como alavanca. Logo no começo, ela revela que uma coisa é certa na vida: você pode fazer o que quiser, mas, no final, algumas coisas permanecerão insistentemente fora do seu controle. Esse aprendizado humilde é ainda mais importante quando lembramos que o *poker* mudou muito nas últimas décadas, com o lado quantitativo avançando

---

15. KONNIKOVA, Maria. *The Biggest Bluff – How I Learned to Pay Attention, Master Myself, and Win*. Nova York: Penguin Books, 2020, edição *Kindle*.

bastante sobre o qualitativo. Repletos de estatísticas, os jogadores deixam a medição de "*odds*" substituir a observação ou a intuição. Mas o jogo é uma mistura de ambos.

Maria foi aprender a jogar com um dos melhores do mundo, e seu conselho mais valioso aos aspirantes novatos não poderia ser mais direto: preste atenção. Pode ser um clichê, mas o *poker* não é tanto sobre jogar as cartas quanto é sobre jogar a pessoa, compreender o que move cada um na mesa. O homem planeja, mas Deus ri dos nossos planos. O mundo é mais caótico e aleatório do que gostaríamos. O que a psicóloga descobriu em seu experimento é que os jogadores tendem a superestimar demais o que são capazes de controlar no jogo. E são pessoas muito inteligentes, espertas, que deveriam ter mais consciência disso. Aqui está a verdade crua, diz ela: "Nós humanos com muita frequência pensamos que estamos totalmente no controle quando estamos, na verdade, jogando com as regras do acaso".

Nosso cérebro não é muito afeito à frieza das estatísticas. As chances de escorregar no banho são maiores do que de sofrer um atentado terrorista, mas parece evidente o que nos desperta mais medo no dia a dia. A avó da autora sobreviveu à Segunda Guerra, Stalin (1878-1953), Khrushchev (1894-1971) e Gorbachev (1931-2022), mas faleceu após escorregar num chão liso. É a vida. A sorte e o azar estão por todo lugar nos rondando, mas costumamos notar apenas quando as coisas vão contra nós.

Meu segundo texto do meu primeiro livro, *Prisioneiros da Liberdade*, fala disso, da Lei de Murphy e de como encontramos padrões só quando interessa: "Justo na hora que estou preso no engarrafamento bate essa vontade de fazer xixi", pensa aquele que ignora todas as outras vezes que esteve no trânsito sem vontade de ir ao banheiro, ou que quis ir ao banheiro e não estava preso dentro do carro. Karl Popper (1902-1994) tem algo a nos ensinar sobre isso, sobre o método científico, sobre a busca pelo conhecimento. Durante a pandemia do Covid-19, essas lições seriam totalmente ignoradas pelos meus pares na imprensa. "Não importa quantos cisnes brancos você veja ao longo da vida; isso nunca lhe dará certeza de que cisnes negros não existem", disse Popper. Devemos tentar refutar as teses, não validá-las com algumas observações, pois temos um viés natural que precisa ser combatido.

O livro *A Lógica do Cisne Negro*[16], de Nassim Taleb, trata justamente desse interessante tema, e é possível notar a forte influência de Popper e de Hayek em sua análise. O livro é uma forma de apelo por maior humildade epistemológica, infelizmente algo em falta na maioria dos homens, que necessitam do conforto de previsões e, portanto, costumam ignorar os limites do nosso conhecimento. É um livro sobre a incerteza, sobre os raros eventos que mudam o rumo das coisas sem aviso prévio e sem que os modelos estatísticos possam antecipá-los.

A ideia central de Taleb está relacionada à cegueira em relação ao papel da aleatoriedade nas diferentes áreas da vida. Cada um pode observar sua própria história de vida para verificar quanto os fatos ocorridos divergiram

---

16. TALEB, Nassim Nicholas. *A Lógica do Cisne Negro: O Impacto do Altamente Improvável*. São Paulo: Objetiva, 2021, edição revista e ampliada.

dos planos traçados anteriormente. A escolha da profissão, o encontro com a futura mulher, as mudanças repentinas do rumo da vida, quanto cada uma dessas coisas havia sido corretamente prevista? A lógica do "cisne negro" torna aquilo que não sabemos algo muito mais relevante do que aquilo que sabemos. Os "pontos fora da curva" ocorrem com muito mais frequência do que antecipamos, e nossa incapacidade de prevê-los é nossa incapacidade de prever o curso da história.

Taleb define aquilo que chama de "tripé da opacidade", algo que a mente humana sofreria ao entrar em contato com a história. Seriam eles: a ilusão de compreensão, com todos achando que sabem o que se passa num mundo que é bem mais complexo do que percebem; a distorção retrospectiva, que transforma a história mais clara *após* os fatos, organizando-os de forma bem mais simplista do que a realidade; a sobrevalorização da informação factual, particularmente quando "autoridades" criam categorias, quando idealizam os fatos de maneira platônica.

Tentamos explicar os fatos do passado de forma bem mais simplista do que ocorreram, e tudo parece mais razoável e previsível depois disso. Em retrospecto, chegamos a questionar como outros foram capazes de ignorar o que estava para acontecer. A categorização dos fatos acaba produzindo uma redução de sua verdadeira complexidade. Taleb conclui que nossas mentes são brilhantes máquinas para *explicar* os fenômenos ocorridos, mas geralmente incapazes de aceitar a ideia da imprevisibilidade acerca do futuro.

O conhecimento humano tem evoluído bastante, e isso é maravilhoso. Mas se o resultado desse maior conhecimento for a arrogância em relação ao futuro incerto, então seremos vítimas indefesas dos "cisnes negros" negativos, e evitaremos muitos "cisnes negros" positivos. O conhecimento humano pode nos mostrar justamente os limites desse conhecimento, de nossa capacidade de prever o futuro. Como disse Hayek "A razão humana não pode prever ou deliberadamente moldar seu próprio futuro; seus avanços consistem em descobrir onde esteve errada". Basta encontrar apenas um cisne negro para derrubar uma crença milenar de que existem somente cisnes brancos!

E eis onde o *poker* pode ajudar na vida: ele não é apenas acaso, tampouco podemos controlar cientificamente o futuro. Konnikova coloca da seguinte forma: "O *poker* é o ponto de apoio que equilibra duas forças opostas em nossas vidas – acaso e controle. Qualquer um pode ter sorte – ou azar – em uma única mão, um único jogo, um único torneio. Uma volta e você está no topo do mundo – outra, você é expulso, não importa sua habilidade, treinamento, preparação, aptidão. No final, porém, a sorte é uma amiga ou inimiga de curto prazo. A habilidade brilha no horizonte de tempo mais longo".

No *poker*, você pode vencer com a pior mão e perder com a melhor. A habilidade não só de conhecer as probabilidades, mas de observar seus oponentes é crucial, ainda que não seja uma garantia de vitória. Mas quem aborda o *poker* – ou a vida – como algo de puro acaso tende a quebrar a cara, da mesma forma que quem ignora o acaso completamente. Eu não gosto de roleta, de mergulhar no aleatório que independe de qualquer habilidade minha. Tampouco eu deixo a arrogância subir à cabeça, confundindo meu conhecimento acumulado com a certeza de uma vitória. O *poker*, assim como minha experiência no mercado financeiro, serviu e serve para manter a minha humildade.

"Poker não é apenas calibrar a força de suas crenças. É também sobre ficar confortável com o fato de que não existe uma coisa certa – nunca. Você nunca terá todas as informações que deseja e terá que agir da mesma forma. Deixe sua certeza na porta", explica Konnikova. Quem não tolera perdas nunca poderá vencer – no *poker* ou na vida. Afinal, as perdas são inevitáveis. É como Mike Tyson disse certa vez: "Todo mundo tem um plano até levar um soco na boca". Daí o perigo de quem começa, por sorte, vencendo: isso cria a ilusão do conhecimento e produz arrogância. Os sábios são aqueles que já perderam muito, mas aprenderam lições importantes com cada derrota.

Devemos ainda evitar outra tendência humana: buscar bodes expiatórios para nossos erros, tomar cada derrota como algo pessoal. O ego é perigoso aqui, pois costumamos nos colocar no centro de tudo. A pergunta mais comum quando algo de ruim acontece com a gente é: "Por que eu, Deus?". Mas poderíamos retrucar sem apelar a Deus: "E por que não eu?". O mundo não é "justo" no sentido que gostaríamos, e aceitar isso é sinal de maturidade.

Os desastres são nossos professores na vida, eles representam um antídoto contra a maior das desilusões:

AUTOBIOGRAFIA DE UM GUERREIRO DA LIBERDADE

o excesso de autoconfiança. A vida tende a nos colocar em nosso devido lugar. Podemos valorizar o processo independentemente do resultado, que não controlamos na íntegra. Tomo as decisões que julgo corretas, acertadas, e aceito o futuro imprevisível. Algumas vezes vou ganhar, outras tantas vou perder. Faz parte do *poker*. Faz parte da vida.

[12]

Decepções

Nessa cruzada pela causa da liberdade, imbuído da *caritas* cristã e com a humildade necessária para reconhecer que cada um pode fazer apenas a sua parte, sem o monopólio da razão, aceitei ao longo da vida mais pedidos de favores do que deveria, talvez. Tenho dificuldade de dizer "não". Administrar o tempo era um grande desafio, portanto, mas por sorte sou veloz em quase tudo que faço. Minha produtividade, aliada à minha falta de perfeccionismo, permitiu que eu fosse colaborando com várias iniciativas que surgiam no caminho.

Mas se eu estaria disposto a ajudar vários indivíduos e iniciativas, era óbvio que as decepções também seriam inevitáveis. E como foram! Olho para trás neste momento com satisfação por ter contribuído com o avanço das ideias liberais e conservadoras no Brasil, mas guardo as cicatrizes como prova de que jamais atingiremos a perfeição. Chego às vezes a questionar minha capacidade de julgamento, de separar o joio do trigo e identificar quem tem caráter de quem não passa de um oportunista. Devo delegar essa tarefa para a minha namorada...

Mas eis meu raciocínio diante deste dilema: não tenho como conhecer a fundo todos que se apresentam com alguma demanda, mas se eles se mostrarem oportunistas ou traidores, não fui eu quem mudei. Apenas apostei em um cavalo que, naquela altura, parecia apontar para a direção correta. Se ele se desviar no caminho, não posso fazer nada – a não ser denunciar o desvio e reconhecer meu julgamento precário no início.

Eu realmente perdi a conta de quanta gente tentei ajudar nessa luta da direita. Sei que muita gente – muita mesmo! – me mandou mensagens em vão, ou tentou se aproximar de mim e não conseguiu. Mas há, por outro lado, uma multidão de testemunhas que podem confirmar minha pronta resposta e acessibilidade.

Mesmo com uma agenda bem apertada, não foram poucos os pedidos que acatei, sem ganhar nada com isso além da consciência de ajudar nosso país. Em alguns casos, houve ingratidão depois, mas pouco importa, pois nunca ajudei para manter um catálogo de créditos a receber. Em outros casos, houve profundo arrependimento de minha parte, pois quem ajudei se revelou alguém diferente do imaginado.

Vale mencionar alguns casos só a título de ilustração. Talvez o meu maior arrependimento seja João Amoêdo. Não o Partido Novo em si, o qual ajudei bastante como já disse antes, mas o próprio Amoêdo. O fato de ter chegado a ele por meio de sua filha, que era a minha estagiária, fez com que a relação parecesse além da profissional. Conheci a sua família, conversei de coração aberto com todos e acreditei em sua intenção abnegada.

Mas o que vi durante o governo Bolsonaro foi inexplicável. Amoêdo se mostrou um oportunista obcecado em destruir o presidente, passou a subir em palanques de socialistas e terminou "fazendo o L" de forma patética, ou seja, declarando voto em Lula! Como isso foi possível? Como eu pude me enganar tanto com uma pessoa? Eu o deixei me convencer a me filiar a um partido, coisa que nunca quis na vida. Não gosto de dizer isso, mas passei a nutrir grande desprezo pelo tucano alaranjado.

O MBL vem logo em seguida, numa disputa acirrada. Os garotos que lutaram com afinco pelo impeachment de Dilma pareciam liberais convictos. A juventude era um *handicap*, mas eles eram inteligentes, preparados, articulados. Eu me divertida com Arthur do Val, o "MamãeFalei", e o ajudava no embasamento que lhe faltava. Eu assinei orelha de livro do Kim Kataguiri, que era um promissor nome para o liberalismo. E eu respeitava a combatividade de Renan Santos, o fundador do grupo.

Mas cada um deles se revelou algo bem diferente com o tempo. Arthur do Val demonstrou ter uma alma podre naquele episódio das ucranianas e passou a me caluniar, afirmando que eu tinha me vendido para apoiar Bolsonaro. Renan Santos repetia a mesma ladainha, alegando que sabia até quem tinha me "comprado", quando e onde. Ele mencionava um jantar, que vou agora relatar para vocês.

O tal jantar ocorreu na casa do empresário Flávio Rocha que, quando o MBL cismou que seria o melhor candidato a presidente, levava os rapazes "liberais" de carona em seu jatinho. Liguei para o Flávio e disse que o Instituto Liberal, que eu presidia, estava às mínguas e poderia fechar as portas. Ele organizou um jantar em sua casa com uns trinta empresários para eu fazer meu *"pitch"* e vender meu peixe, atraindo assim mantenedores para o IL.

Fiz uma breve palestra sobre cenário político, apresentei o instituto e abri para perguntas. Logo na primeira, quiseram saber minha opinião sobre reforma tributária. Quando comecei a responder, algum empresário se manifestou, e depois outro. Um deles pegou o microfone e fez um longo discurso. A coisa rapidamente degringolou e virou um debate caloroso. Eu lá, calado no canto, incomodado com a mudança de foco e ciente de que o IL não sairia de lá a salvo.

Esse jantar serviu para três coisas: eu me dar conta da impossibilidade de uma boa reforma tributária, já que há muitas divergências entre os diferentes setores da economia e ninguém aceita sair perdendo na puxada do cobertor curto; constatar como era difícil fazer empresários pragmáticos e míopes investirem em ideias na guerra cultural; e perceber, depois, como a turminha do MBL é desprovida de caráter. Um deles, Pedro, que estava lá presente, viu tudo, e mesmo assim eles insistiram na narrativa de que eu tinha me "vendido" naquele jantar.

A título de curiosidade, saí com uma injeção de capital de R$ 30 mil de um único empresário. Era menos do que eu ganhava por mês dos meus vários empregadores. E não era uma receita recorrente, mas, sim, um tiro único que ajudou, claro, mas não foi suficiente para impedir o declínio do IL em minha gestão.

O racha definitivo com o MBL veio quando estive em São Paulo, não nesse jantar, mas na Jovem Pan, participando do *Pânico* e depois de um programa com Silvio Navarro. No *Pânico*, Emílio Surita quis saber minha opinião sobre Arthur do Val como prefeito, e eu respondi que ele não tinha experiência como gestor, e que cargo executivo era diferente do legislativo (sendo que ele gostava mesmo de fazer *live* durante o trabalho, mas isso eu não disse). Foi um comentário óbvio, sincero.

Já no programa do Navarro, Josias Teófilo falava de seu filme sobre Olavo de Carvalho, e surgiu o tema do documentário do MBL sobre o impeachment, do qual eu participei como entrevistado. Josias detonou a qualidade estética do filme, e eu apenas disse que eles não eram cineastas profissionais, que sequer tinha visto o documentário ainda para opinar, mas que o relevante era mesmo o conteúdo, o registro histórico. Foi o suficiente para Dirceuzinho surtar...

Renan me mandou uma mensagem desaforada, e quando me ligou, começou a passar um pito em mim, dando esporro como se fosse meu chefe. Incrédulo, cortei ele, perguntei quem ele pensava que era, mandei ele baixar a bola e me respeitar e desliguei. Foi a última vez que nos falamos. Desde então, o MBL colocou seus soldadinhos adolescentes e robozinhos que o Renan me confessou ter para trabalhar incansavelmente contra minha reputação.

Eu já fui alvo de toda tribo, do PT ao bolsonarismo. Mas posso atestar: nunca vi gente tão podre quando a turma do MBL. E se dizem liberais! E fingiram compartilhar da minha causa! Tudo isso para pedir impeachment de Bolsonaro ao lado do PT, e demonizar Paulo Guedes ao lado do PSOL...

Ainda dentro da turminha do MBL, temos o humorista Danilo Gentili. O "corajoso" iconoclasta que detonava Bolsonaro, mas era incapaz de criticar de forma mais dura algum ministro supremo. Seu esforço foi todo na direção de igualar Lula e Bolsonaro, o que é absurdo, a típica postura do "isentão". Quando Gentili foi ameaçado pelo sistema por um *tweet* em que defendia a invasão ao Congresso para dar uns "sopapos" nos parlamentares, eu saí não em sua defesa, mas em defesa da liberdade. Ele sequer compreendeu o que era ter princípios e disse, em público, que dispensava a minha ajuda. Essa gente não consegue mesmo entender o que é defender valores em vez de pessoas...

Além de Amoêdo e do MBL, Joice Hasselmann vem à mente como candidata ao bronze. Tornamo-nos amigos, ou assim eu acreditava. Ofereci minha casa para ela ficar com o marido em Miami, apresentei minha família a ela, conversávamos bastante. No episódio do meu cancelamento, já relatado aqui, Joice foi uma das que tentaram tirar casquinha com o público feminista.

Eu sou capaz de perdoar muita coisa, mas um golpe baixo desses era inimaginável. Ela conheceu minha filha! Ficou na minha casa! E embarcou numa narrativa ridícula de que eu fizera apologia ao estupro e não defenderia nem minha própria filha de um abuso sexual?! Ali só me restou mesmo meter processo. Que ser desprezível. Depois, Joice fez o L e lulou de vez, demonstrando que no fundo do poço havia um alçapão.

[13]

"Blogueiro bolsonarista"

Estou nessa caminhada há mais de duas décadas, com vários livros lançados sobre o liberalismo ou contra o esquerdismo. Não obstante, para tentar me destruir, meus adversários de todos os lados passaram a me reduzir a um "bolsonarista". Era a tentativa de me rotular como "puxa-saco" do então presidente, pois assim não precisavam mais rebater meus argumentos.

Fui bastante crítico do governo Bolsonaro em vários momentos mais no começo, em especial quando ele tentou indicar o próprio filho Eduardo para a embaixada americana. Algumas coisas contribuíram para o meu "despertar" e mudança de postura. Em primeiro lugar, eu me dar conta de que estava sendo manipulado pela esquerda na "estratégia das tesouras", ou seja, acender vela para o outro lado só para não parecer "bolsonarista" era bancar o "isentão" e colaborar com a estratégia esquerdista. Em segundo lugar, aquela fatídica reunião ministerial veio a público por ordem do então ministro Celso de Mello...

Quando Sergio Moro saiu do governo da forma que saiu, eu escrevi: "O governo acabou". Eu disse que Moro era "alguém com virtudes muito raras no País, alguém que não se corrompeu em Brasília", e afirmei que, ao fazer "acusações gravíssimas ao presidente" e descolar de vez do governo a imagem do "lavajatismo", o agora ex-ministro deixa a situação de Bolsonaro "insustentável".

Esperava o batom na cueca, a prova definitiva de corrupção. Ela não veio. Moro, por outro lado, passou a agir de forma muito estranha, expondo seu lado oportunista e traidor, com a clara ambição de substituir Bolsonaro. E graças às suas denúncias sem provas, o STF impediu Bolsonaro de indicar Ramagem para a Diretoria-Geral da Polícia Federal e demandou a publicação do vídeo da reunião em que teria ocorrido a "confissão de ingerência".

Vi com atenção as cerca de duas horas de reunião e o que observei ali foi um presidente preocupado em não cometer estelionato eleitoral, em defender a Constituição e a liberdade do povo. Aquela reunião fechada, que não era para consumo externo, foi meu ponto de inflexão, assim como a guinada suspeita do próprio Moro. Dei-me conta de que havia uma grande conspiração para se livrar de Bolsonaro, e por isso passei a defendê-lo mais, ou melhor, a criticar com veemência seus adversários.

Essa minha mudança gradual pode ser observada nos vários textos que escrevi na época. Após o depoimento de Moro, por exemplo, com enorme expectativa criada pela mídia, houve enorme decepção dos antibolsonaristas, e comentei: "A expectativa era grande. Sergio Moro apresentaria provas cabais de ingerência do presidente na

Polícia Federal, traria novidades, acusaria Bolsonaro de crimes. Nada disso aconteceu. Após o depoimento de oito horas do ex-ministro vazar à imprensa, o que vimos foi o anticlímax de quem esperava ali a pá de cal de Bolsonaro, seu enterro político".

No começo de maio de 2020, eis o que concluí: "O que vai se configurando é um governo ao estilo Temer, só que melhorado. Ainda conta com bons ministros, uma agenda virtuosa, ainda que desfigurada parcialmente pela pandemia e pela necessidade de trazer o centrão para o jogo para garantir alguma governabilidade e evitar o impeachment. Mas Bolsonaro sobrevive. É resiliente. Não é um zumbi, um morto-vivo, mas terá de ceder anéis para manter os dedos. Infelizmente, isso é parte da política real, sem romantismo ou idealismo. Ironicamente, os "radicais de centro" sempre entenderam isso quando era FHC ou Temer no governo. Com Bolsonaro, eles não aceitam, viram jacobinos puristas, e demandam o impeachment. É esse duplo padrão hipócrita que chama a atenção do povo fora da bolha...".

Mas esse tipo de análise foi suficiente para me render a pecha de "bolsonarista", pois era chamado assim qualquer um que não virasse um antibolsonarista histérico. Nunca encarei Bolsonaro como mito, nunca tive ilusões sobre seu governo, fui crítico em vários momentos, mas passei a considerar o "isentão" como um falso oportunista ou inocente útil, massa de manobra de petista. Desde então, recusei-me a embarcar na canoa furada de ter que detonar Bolsonaro para parecer "imparcial" ou "liberal". E o tempo foi mostrando que eu tinha razão, quando vários desses "liberais" deram as mãos ao PT para tentar derrubar Bolsonaro.

Chegando mais perto das eleições de 2022, as máscaras foram todas caindo, e restou a carranca feia de tucanos que fingiam ser de direita, mas preferiam Lula a Bolsonaro. Essa patota se recusava a criticar os arbítrios supremos, pois eles interessavam na missão de derrubar Bolsonaro. Cheguei a escrever uma carta aberta aos democratas em outubro de 2022, no afã de persuadi-los de sua insanidade:

> *Caros democratas do Brasil, hoje preciso muito conversar com vocês. Eu vi que assinaram uma carta em defesa da democracia não faz muito tempo. Vi também que, apesar de essa carta não mencionar o presidente Bolsonaro, tudo nela servia para alertar contra um possível golpe vindo do presidente. Assinaram a carta alguns petistas também.*

> *Aqui já identificamos a primeira grande contradição. O receio que vocês demonstram acerca de um possível ataque bolsonarista às instituições se baseia em suposições, enquanto os petistas já deram todos os sinais de que não respeitam a democracia. Foi no governo lulista que vimos o mensalão, por exemplo, uma tentativa de comprar o Congresso para concentrar o poder num único partido.*

> *O PT fundou ao lado do tirano Fidel Castro o Foro de SP em 1990, com o intuito de "resgatar na América Latina o que se perdeu no Leste Europeu", ou seja, o comunismo. Eles defendem até mesmo narcoguerrilhas como as FARC, que sequestram inocentes na Colômbia. Lula até hoje é companheiro de ditadores como Daniel Ortega, da Nicarágua, que persegue cristãos, ou Nicolás Maduro, da Venezuela, para quem inclusive gravou vídeo de apoio enquanto o tirano*

socialista prendia dissidentes políticos e jogava a milícia cubana em cima de jovens protestantes.

Meu amigo Helio Beltrão resumiu muito bem a situação: "A irracionalidade é regra nas escolhas políticas e não tem mesmo muito jeito. No tema antidemocrático: o sujeito não vota no Bolsonaro por RECEIO de que vá fazer o que nunca fez e que promete que não fará; e vota no Loola acreditando que NÃO fará o que JÁ fez e garante que FARÁ". Ou seja, a tal cartinha que assinaram, cá entre nós, não se sustenta de pé após um minuto de reflexão.

Não sei se viram, mas o mesmo PT entrou com um pedido no TSE contra 34 contas nas redes sociais, por uma suposta articulação criminosa para espalhar notícias falsas. O partido pede a censura dessas contas. Entre elas, temos a respeitada revista Oeste, deputados eleitos com centenas de milhares de votos, e também esse que vos fala. Meu crime, pelo visto, é ser antipetista – o que sou mesmo, de forma totalmente assumida e consciente. Da "quadrilha" da qual faço teoricamente parte, sequer conhecia todos os citados.

Prezados democratas tucanos, essa postura petista não desperta em vocês qualquer preocupação? Consideram isso compatível com a liberdade de expressão? Acham que o PT, se voltar à cena do crime, digo, se voltar ao poder, não vai usar o aparato estatal para perseguir e calar seus críticos? E isso é democracia? Vocês concordam com Lula quando ele diz que na Venezuela há "excesso de democracia"? A carta que assinaram, então, era para defender esta "democracia" ao estilo cubano?

Sei que muitos de vocês não gostam de Bolsonaro, ou mesmo o odeiam. Mas tenho esperança de que ainda possam refletir de forma sincera para concluir que o presidente, em que pese seu jeito um tanto tosco às vezes, não atentou de fato contra a liberdade de expressão ou a nossa democracia. O mesmo não se pode dizer do PT, não é mesmo? Está em seu DNA esse autoritarismo nefasto, essa intolerância ao debate plural e civilizado. Vejam como o PT tratou Ciro Gomes por criticar Lula na campanha. Hoje os tucanos e os petistas estão sob bandeira branca, mas vocês sabem que isso não vai durar muito tempo.

Estimados democratas do Brasil, pensem bem nessas questões todas, pois com democracia não se brinca impunemente. As liberdades estão sempre a uma geração de serem perdidas, como alertou Reagan. Sei que não suportam Bolsonaro e querem se livrar dele, mas a que custo? Não basta colocar Alckmin como enfeite ao lado de Lula para transformar o petista num moderado que respeita a democracia. É como fantasiar um escorpião de filhote de gatinho: o ferrão venenoso continua lá, apesar da aparência inofensiva.

###

No mesmo mês, publiquei um texto em tom menos benevolente sobre essa turma, os "Liberais de Estocolmo":

Todos conhecem a Síndrome de Estocolmo, da refém que se apaixona pelo sequestrador. Talvez seja a única forma de compreender o que tem levado supostos liberais a apoiar o PT. No fundo não são exatamente liberais, e, sim, tucanos que defendem a social-democracia e uma visão "progressista" dos

AUTOBIOGRAFIA DE UM GUERREIRO DA LIBERDADE

costumes. Mas muitos deles fazem concessões ao liberalismo e chegam a defender o livre mercado. Como, então, pedir voto para Lula?!

Vejamos o caso de Elena Landau, a "musa da privatização". Uma de suas principais bandeiras é justamente a defesa da desestatização, e ela chegou a preparar um programa de governo com tal viés para Simone Tebet. Mas Landau achou adequado pedir voto para Lula. Nem vou trazer questões éticas à tona, pois não preciso. Como ela pode considerar Lula, com suas ameaças declaradas de desfazer privatizações, melhor do que Bolsonaro, que fala abertamente em privatizar até a Petrobras, e cujo governo vem reduzindo o peso estatal na economia?

Dizem que Paulo Guedes a reprovou na PUC, e talvez seja o caso de um ressentimento pessoal. Mas do ponto de vista lógico não faz qualquer sentido. Daí a necessidade de buscar uma causa mais passional. Os tucanos sempre foram demonizados pelos petistas, mas no fundo aqueles sempre nutriram certa admiração por estes, um carinho especial de quem sabe que o "primo" é radical, mas no fundo sente uma pontada de inveja desse radicalismo.

Arminio Fraga, Henrique Meirelles, João Amoêdo, Elena Landau e outros tucanos sabem que é preciso adotar a responsabilidade fiscal, entendem perfeitamente que menos burocracia estatal é algo positivo para a prosperidade, compreendem que reformas estruturais são importantes para a economia, e por aí vai. Eles também sabem que Lula e o PT representam o oposto disso tudo, enquanto Paulo Guedes quer exatamente essa agenda liberal. Como, então, apoiar Lula em vez de Bolsonaro?

Uma visão mais cínica diria que esses tucanos não ligam para os efeitos perversos da agenda petista, desde que tenham mais participação no poder. Outra visão, mais ingênua, poderia alegar que eles pensam mesmo que Lula vem sem Dirceu, Janones, Boulos, Mercadante, Gleisi e demais petistas, e que o governo será tucano em essência, com Alckmin dando as cartas, e Meirelles e Arminio no comando da economia. Se for isso, só podemos falar uma coisa: bobinhos!

Fico, então, com a explicação mais psicológica mesmo. Essa turma odeia a direita, não suporta Bolsonaro, tem inveja e recalque de Guedes, e desenvolveu certa paixão por aquele que vive detonando o tucanato. Lula despreza o mercado, e essa ala do mercado quer muito um aceno do ladrão socialista, uma piscadinha de olho que seja.

Nossos "liberais" de Estocolmo não só não ligam a mínima para a corrupção, como também precisam mascarar essa tara enrustida pelo petista com a desculpa para lá de esfarrapada de que precisam "salvar a democracia". Com Lula, o fundador do Foro de SP ao lado de Fidel Castro, o bajulador de tiranos comunistas, o radical autoritário que promete abertamente impor a regulação da imprensa, eufemismo para censura! Seria cômico, não fosse trágico...

Por denunciar essa postura cínica dos falsos liberais, fui rotulado como "blogueiro bolsonarista", num esforço coordenado de me anular como um dos ícones do liberalismo no Brasil. Em minha palestra no CPAC Brasil, evento conservador em junho de 2022, vesti logo a pecha e assumi, em tom de ironia, que agora éramos todos bolsonaristas. Escrevi um texto para desenvolver meu raciocínio:

> *Participei este fim de semana do CPAC Brasil 2022, em Campinas. O evento estava muito organizado, lotado e com excelentes palestras. Abaixo, um breve resumo da minha fala, em que defendi a tese de que os pseudoliberais, hoje, representam uma ameaça maior do que a esquerda.*
>
> *Esses "isentões", afinal, dão legitimidade ao abuso de poder que temos visto em nosso país. Ao colocar o ódio a Bolsonaro ou a ambição pelo poder acima das preocupações com nossas instituições, esses falsos liberais produzem uma sensação de que a tirania togada é algo normal e aceitável, e isso esgarça o tecido social e enfraquece nossas instituições republicanas.*
>
> *Quando um cracudo aparece em nossa casa com nosso filho, todos os sinais de alerta disparam e podemos, ao menos, tentar reagir com mais vigor. Mas quando é um limpinho arrumadinho, tendemos a relaxar, confiar. E o limpinho pode ser muito bem um traficante disfarçado, um mau elemento que pretende corromper nosso filho.*
>
> *Não é por outro motivo que Lula escolheu Alckmin para vice na chapa: o tucano é o falso carola a ajudar o bandido a entrar em nossas casas, voltar à cena do crime para roubar mais, como o próprio Alckmin, antes, atestava. Pois bem: a tal "terceira via", o autointitulado "centro democrático" não passa de um ajuntamento de tucanos como o próprio Alckmin.*
>
> *Aceitar a normalização da candidatura do Lula é participar de um jogo sujo, e é exatamente isso que essa turma tem feito. Criaram uma narrativa de combater os dois extremos ou polos*

da polarização, como se houvesse equivalência entre Lula e Bolsonaro. E pior! No fundo eles pintam Bolsonaro como a verdadeira ameaça à democracia, às liberdades.

Onde estavam esses tucanos durante a ditadura sanitária? Ah, sim! Estavam exercendo a tirania em nome da ciência, ao lado de petistas, todos contra Bolsonaro, um dos únicos a defender as liberdades. Eduardo Leite, o queridinho do mercado, estava fechando gôndolas de supermercado e escolhendo os produtos "essenciais" para o povo, de acordo com seus critérios pessoais e subjetivos.

Onde estavam esses tucanos para contestar o escancarado ativismo judicial? Estavam aplaudindo, elogiando os ministros supremos, passando pano para todo o arbítrio só porque o alvo é o bolsonarismo.

Além disso, esses tucanos podem até fazer algumas concessões ao liberalismo econômico, pregar algumas privatizações (sem muita convicção), mas no essencial eles são esquerdistas da mesma forma que seus primos radicais. Os valores morais desses "progressistas" partem de uma visão de mundo revolucionária, são globalistas, abortistas, adotam a ideologia de gênero.

Estamos diante dos cinquenta tons de vermelho, ou de rosa, se preferirem. É a velha estratégia das tesouras, um simulacro de oposição que mascara a briga interna dentro da esquerda pelo poder. Mas os socialistas fabianos não são muito diferentes dos seus parentes mais avermelhados. Divergem mais no estilo do que nos fundamentos, adotam uma forma mais polida, mas o conteúdo é semelhante.

E para combater os "cracudos" do Foro de SP, a turma comunista, precisamos da figura do "herói trágico", aquele que tem coragem de enfrentar a corja, pois só não faz parte do bando por um acidente do destino. Imaginar que os "limpinhos" sejam capazes de oferecer resistência aos golpistas é uma piada!

Outra marca característica dessa "terceira via" é o ressentimento, a inveja que sentem do atual presidente. Afinal, essa turma tem a mídia quase toda a seu favor, os empresários, banqueiros, mas só não tem o povo! Por isso que cada motociata de Bolsonaro desperta revolta. O máximo que eles conseguiriam é lançar uma "patinetada" no Leblon, com meia dúzia de almofadinhas.

Eis o ponto central aqui: criar equivalência moral entre o PT e Bolsonaro é algo absurdo, inaceitável. Estamos falando de uma quadrilha totalitária e de um presidente que tem respeitado as regras do jogo, atuando dentro das quatro linhas da Constituição. Estamos falando do partido que liderou o maior esquema de corrupção da nossa história, contra um presidente sem escândalos. Um lado mira no exemplo da Venezuela, o outro prega a liberdade.

Isso sem falar do quadro técnico. Ou alguém quer mesmo comparar Paulo Guedes com Guido Mantega? São vários ministros competentes no atual governo, enquanto na era petista havia uma divisão somente política com base nos feudos partidários. Estão com saudades do Dirceu?

Os dados econômicos poderiam estar melhores hoje, sem dúvida. Mas aqui os "liberais" também são responsáveis.

Houve muito boicote (Rodrigo Maia que o diga), sabotadores que tentaram impedir reformas. E mesmo assim, avançamos. Apesar deles. Apesar da pandemia e do lockdown que esses "liberais" pregaram.

A economia estaria muito melhor em condições normais. Mas os sonsos e cínicos que criaram muitos dos problemas fingem não ter nada com isso e ainda ignoram a existência da pandemia, o cenário no resto do mundo.

Diante de todos os argumentos, eles fogem do debate e apelam para rótulos: terraplanista, fascista, bolsonarista! Tudo bem. Se querem reduzir tudo a isso, não tem problema. A direita só tem Bolsonaro mesmo, nesse momento. Ele é o único obstáculo entre o Foro de SP e a liberdade do povo. Vejam os casos do Chile, Peru e Argentina. Hoje, portanto, somos todos bolsonaristas.

Como ficou claro com o tempo, eu me mantive fiel aos valores liberais clássicos, com minha guinada mais conservadora lenta e gradual, enquanto vários dos que se diziam liberais ou mesmo conservadores "fizeram o L" e escolheram Lula em vez de Bolsonaro, enquanto eram incapazes de defender as liberdades individuais básicas e o império das leis contra os abusos de poder do STF e, em especial, do ministro Alexandre de Moraes. Quem agiu assim jamais pode se colocar como liberal...

[14]
O muro da ditadura

Chegamos a mais uma encruzilhada, a um momento tenso de inflexão, em que me vejo forçado a mais uma mudança de rumo profissional. Mencionei os abusos supremos e lamentei o fato de que muitos "liberais" e até "conservadores" fizeram vista grossa a tudo isso, contribuindo para a instauração de uma verdadeira ditadura no Brasil. Como enfrentar algo dessa natureza.

A principal virtude de todas, já sabia Aristóteles, é a coragem. Sem coragem, as demais virtudes não existem. Sempre me considerei uma pessoa corajosa, com disposição para entrar em brigas, quiçá guerras, pela minha causa, por minha liberdade, por meus valores. Cheguei a escrever um texto sobre a necessária coragem moral de desafiar esse sistema podre e carcomido que avançada em nosso país, isso em abril de 2021:

> *Coragem é a primeira virtude, pois sem ela, nenhuma outra resiste. Clareza moral é a capacidade de enxergar o mundo a partir de princípios sólidos, sem deixar o "pragmatismo" se tornar uma espécie de maquiavelismo oportunista, míope, malandro. Juntando as duas coisas, temos a coragem moral, a virtude de, calcado em valores morais firmes, combater aquilo que está errado no mundo.*

Falta coragem moral a quem lança mão, com frequência, do duplo padrão, do velho um peso e duas medidas. Quem quer, por exemplo, usar o rigor da lei contra seus adversários, mas prega a impunidade para seus amigos malfeitores. Ou para quem só se lembra da existência da Constituição quando interessa, quando é para justificar alguma medida do seu interesse, rasgando a Carta Magna em seguida, quando quer defender o arbítrio.

Falta coragem moral, portanto, a todos que sustentam decisões casuísticas do STF, para logo depois aplaudirem decisões que claramente ignoram a própria Constituição e são tomadas em nome da "ciência", da "vida" ou com base em medidas de outros países, que não são os responsáveis por nossa Constituição. Permitir o fechamento de igrejas, algo claramente inconstitucional? Sim, pois é "pela vida" e "especialistas" concordam, tendo de ser um "negacionista" para discordar. Isso é covardia moral.

Nosso Supremo, aliás, é recordista em decisões erráticas e inconstitucionais. Quando é para soltar o corrupto Lula, nova interpretação da Lei. Quando é para garantir sua elegibilidade, canetada na marra. Quando é para abrir inquérito do fim do mundo e perseguir críticos, prender jornalista e até deputado com imunidade parlamentar? Para o inferno com a Constituição!

Mas quando é para atazanar o governo do "genocida", aí se alega que há respaldo constitucional para impor uma CPI: está na Constituição! Falta coragem moral para admitir que nossos ministros apelam para uma elasticidade interpretativa enorme quando é para beneficiar petistas e seus companheiros, como o terrorista assassino Cesare Battisti. Quando é para prejudicar bolsonaristas, porém, vale até criar pelo em ovo e reescrever as leis.

Falta coragem moral a todo aquele que aplaude o ativismo judicial só porque ele tenta "empurrar a história" na direção que julga adequada e correta. Falta coragem moral aos que se calam diante de tanto abuso supremo, e ainda fingem haver um quadro de normalidade jurídica em nosso país. Falta coragem moral a quem deixa o ódio a Bolsonaro falar mais alto do que o apreço pelo império das leis. O presidente vai passar; o arbítrio fica. E o estrago será cada vez maior.

Se temos uma Constituição que só existe quando os ministros supremos desejam, era melhor nem ter uma, pois isso serve para dar um verniz de legalidade onde só resta o puro arbítrio. Até quando?

Desde então, a tirania só avançou, e fui um de seus principais alvos, justamente pela coragem de denunciá-la sem rodeios. No final de 2022, após a vitória de Lula no processo controlado pelo TSE, tive minhas redes sociais censuradas. Em seguida, o absurdo dos absurdos: congelaram minhas contas bancárias e pediram até o cancelamento do meu passaporte! Fui incluído no inquérito obscuro e ilegal de Alexandre de Moraes, convocado para depoimento na Polícia Federal, tratado como um bandido perigoso. Meu crime? Minhas opiniões sobre os abusos de poder do próprio STF, minha suspeição acerca das urnas eletrônicas, minha defesa intransigente do Estado de Direito. No Planeta Bizarro em que o Brasil já tinha se transformado, com tudo invertido, eu fui acusado de desejar abolir o Estado de Direito! A coisa chegou a um patamar realmente surrealista.

E aqui eu tinha uma decisão difícil a tomar: dobrar a aposta, insistir nessa batalha perdida, ou recuar de forma tática, reinventar minha carreira asfixiada pelo sistema e sobreviver para lutar em outro dia, para seguir de alguma forma na guerra. Além disso, tinha a questão do meu filho pequeno. Ele depende totalmente de mim, pois a mãe estava fora há um ano na época. Quais as minhas prioridades? A causa pelo Brasil ou minha família?

O que mais admiramos nos heróis arquétipos da mitologia ou de filmes é justamente sua capacidade para o sacrifício pessoal. Os santos não foram pragmáticos, mas, sim, intransigentes. Heróis costumam morrer cedo, colocar-se numa situação de perigo enorme por senso de Justiça. Quando Batman assume os crimes do Duas-Caras e se torna fugitivo da polícia, o filho do Comissário Gordon quer saber por que ele está correndo se não fez nada errado. Seu pai diz: "Porque ele é o herói que Gotham merece, mas não é o de que ela precisa agora. Então vamos caçá-lo... porque ele aguenta. Porque ele não é herói. É um guardião silencioso, um protetor cuidadoso".

Eu quero ser um herói, ou um vigilante como o Batman? Não ao custo do meu filho, eis a verdade. Recebi muito feedback de seguidores sobre minha coragem, gente grata por eu ter sido sua voz, comprado essa briga por eles. Vaidade, ó vaidade, tudo no final é vaidade, alerta o Eclesiastes. Não sou vaidoso a ponto de me tornar tão pouco prático. Minha ex-mulher, certa vez numa fase de mais aperto financeiro, questionou se eu queria ter uma estátua minha no Brasil com ela e nossos filhos mendigando dinheiro nessa mesma estátua. Uma imagem forte, exagerada (não nos faltava o básico), mas o recado era válido: até onde estou disposto a ir sacrificando minha própria família?

Chorei ao conversar com meus pais no telefone sobre a situação toda e a minha decisão de recuar. Em lágrimas, eu disse que não poderia colocar meu filho em risco por conta de minha causa ou mesmo do meu país. Era um fardo insuportável para carregar. Eles foram extremamente compreensivos e ofereceram toda ajuda do mundo para minha decisão. Anunciei publicamente minha mudança após sair da Jovem Pan, minha desistência de falar sobre temas do cotidiano, ou seja, o reconhecimento de que o Brasil já era uma ditadura perigosa ali e cada um deveria agir de acordo, dentro de seus limites e de sua consciência.

Eu esbarrara no muro quando fui tratado como um perigoso terrorista sob o ensurdecedor silêncio da velha imprensa. Não quero ser mártir, eis a verdade. Quero ser um ótimo pai para meus filhos, vê-los crescer saudáveis, com valores, felizes. É covardia não mergulhar no abismo? É falta de coragem não aceitar o sacrifício supremo? O pessimista reclama do vento, o otimista espera que ele mude a direção, mas o realista ajusta as velas. A vida é o que é, não o que gostaríamos que ela fosse. Somos seres adaptáveis. Admiro, claro, aqueles intransigentes que deram sua vida pela causa, mas pergunto com humildade: será que foram bons maridos, bons pais?

A história não conta dos covardes. E o que fazemos aqui ecoa na eternidade. Mas a paternidade é simplesmente uma dádiva, e minha prioridade. Renunciei a muita coisa por minha causa, por minha paixão pela liberdade. Alguns vão denunciar que eu deveria ter insistido mais, lutado até o fim de peito aberto. Outros tantos vão compreender minha decisão. No final do dia, preciso ter paz de consciência. Os soldados que vão para a guerra e abandonam suas famílias merecem nosso respeito e admiração. Mas eu concluí que lutara batalhas o suficiente até ali, e que aquela estava perdida.

O Brasil ganha mais com meu recuo tático e minha guinada para me tornar um formador de lideranças, com a bagagem que acumulei até aqui. Menos bate-boca ineficaz com esquerdistas idiotas e mais discussões aprofundadas com um grupo seleto de seguidores. Essa foi minha escolha. E certamente meus filhos também ganham mais com ela. No momento, isso é o que mais importa para mim.

[1 5]
Professor consta

Começa, a partir de agora, a nova fase do Professor Consta. O destino prega mesmo peças interessantes na gente. Depois de tanto rodeio, de tretas e reaproximações, acho que vou seguir os passos do Professor Olavo, do "véio da Virgínia". Vou investir novamente em mais leituras, preparar resenhas, compartilhar com meus seguidores esse conteúdo todo fascinante. Adoro ler, adoro fazer palestra, e não tenho dúvidas de que serei mais feliz alocando meu tempo escasso para isso em vez de rebater "falácias pipérnicas" diariamente.

Na transição entre o Constantino mais pop e combativo para o Professor Consta, mais sereno e recluso, resolvi escrever essa breve autobiografia. Era uma forma de fazer uma reavaliação de tudo que me trouxe até aqui, da minha trajetória intelectual e profissional, com pitadas de minha vida pessoal como pano de fundo. Fui bucha de canhão por muito tempo, ponta de lança nessa batalha liberal. Cansei um pouco, confesso. Ainda corre em minhas veias a disposição para participar de uma boa luta, mas quero e preciso fazer isso de forma mais inteligente e prudente.

Certa vez Paulo Guedes me disse que eu o lembrava quando era mais novo, cheio de energia para brigar. Com o tempo a gente cansa, pelo visto. Confesso que curto uma "treta" no Twitter, mas há muito desgaste também. Nunca liguei muito para os "*haters*", mas a energia pode ficar um tanto carregada nesse dia a dia na "Cracolândia", desmascarando oportunistas canalhas. Modéstia às favas, cheguei num patamar que não justificava bater boca com idiotas. Essa sempre foi a recomendação dos meus pais, aliás, e devemos escutá-los mais, pois eles têm sabedoria e amor genuíno pelos filhos.

Claro que os pais normalmente vão pecar por excesso de cautela. Eu brincava com meu pai que se eu seguisse seus conselhos de só falar de ideias abstratas ou focar mais em economia acabaria como um Merval Pereira da vida, totalmente sem sal – e relevância. Eu não nasci para ser morno, eis a verdade. Tenho minhas convicções, sangue italiano corre em minhas veias, e não costumo fugir de brigas. Mas hoje entendo melhor meus pais e quero justamente suavizar minha postura, passar a tocha para os mais jovens e aguerridos.

Além disso, o Brasil já não é mais uma democracia, ainda que capenga. Permitiram que a coisa chegasse num patamar assustador demais, e cada um terá de se adaptar agora. Moro em Weston, repleta de venezuelanos expatriados. Sei bem como é sair de um país que naufraga, pois vejo os exemplos no meu entorno. Não vou conseguir abandonar o Brasil de vez. Isso jamais! Nós saímos do Brasil, mas o Brasil não sai de nós. Vou continuar lutando, pois essa é minha vocação e minha missão divina, estou seguro disso. Mas farei isso de uma forma diferente.

A minha *live* TudoConsta virou um sucesso de público, e não pretendo encerrá-la. Mas os temas devem ser tratados com mais cuidado, pois não há mais qualquer segurança jurídica em nosso país. Ter sido tratado como um terrorista foi o ponto mais baixo da minha vida, algo revoltante demais da conta. Fui alvo de censura, tive minhas redes sociais banidas no país, minhas contas bancárias congeladas e até meu passaporte cancelado. O recado foi dado – e assimilado. Sou resiliente, forte, mas às vezes sinto o baque. É inevitável. O sistema é bruto, companheiro.

Não estou lidando com gente normal, mas com uma quadrilha. E não tenho vocação para mártir, para herói. Tenho a minha cota de coragem, que não é pequena. Mas tenho minha família, e meus filhos são o mais importante em minha vida. Eles não vão ter no pai um covarde, jamais! Mas algum pragmatismo e adaptação se fazem necessários nesse momento tão delicado. Não é inteligente dar murro em ponta de faca.

Estou até mais leve nessa fase, após a demissão – uma vez mais – da Jovem Pan. Estava exausto com o jornal toda noite – menos às quintas – e os "debates" com esquerdistas, derrubando as falácias "pipérnicas". Como aquilo cansava! Tutinha sempre me dizia que eles eram minha escada, que o embate só me fazia crescer, mas acho que o público mais qualificado estava bem cansado desses oponentes fraquinhos também. Encarei, portanto, como livramento a demissão. A parte financeira pesou muito no começo, mas graças Deus tenho minhas reservas e uma família capaz de ajudar em última instância, e sou batalhador, nunca tive medo de trabalho. E abracei os desafios com resiliência e até empolgação, criando a minha comunidade no *Locals*, que em dois meses já tinha quase 30 mil membros inscritos e mais de mil pagantes. A Jovem Pan se tornou desnecessária. Virei empreendedor.

Além dessa breve autobiografia, vem aí um livro sobre o viés ideológico da imprensa e a morte do jornalismo, e um curso sobre como evitar a doutrinação ideológica dos filhos, para que não se tornem idiotas. Esses são meus projetos futuros. São tarefas que me animam, pois as julgo fundamentais para esclarecer mentes. Uma vida com propósito faz toda a diferença do mundo. Educar bem meus filhos é minha grande missão, mas deixar como legado essa bagagem de conhecimento que fui adquirindo ao longo de uma vida de leitura é o que me instiga toda manhã. Ser capaz de mastigar esse conteúdo e entregá-lo de uma forma didática e útil ao público é simplesmente maravilhoso, e fico muito feliz por receber esse tipo de feedback de tanta gente. Portanto, vamos em frente! Ainda há muito o que ser feito...

[16]
Brasileiro não desiste nunca

O Brasil cansa. Esse já virou meu bordão, de tanto que repito. Mas, na verdade, o Brasil exaspera, deixa qualquer pessoa normal exaurida, o nosso país é exaustivamente absurdo. Ter de comentar diariamente a situação política, econômica e social nessas terras tupiniquins é relembrar todo santo dia a capacidade do ser humano de errar, insistir no erro e depois errar novamente, cometendo as mesmas barbaridades.

O que dizer, por exemplo, da minha área de especialidade, a economia? Quando temos Mercadante mandando recados para o ministro, que é seu companheiro Fernando Haddad, e este vira o "fiador da responsabilidade", então é porque você sabe que a coisa está muito, muito feia!

"Estamos aguardando o novo arcabouço fiscal. O ministro Haddad pode esperar de mim e do banco total lealdade e parceria, ao contrário das especulações que são publicadas. Não estamos aqui por outra razão. Não tem expectativa de substituir ninguém, muito menos de competir", disse Mercadante. "Agora, não nos peçam para deixar de dizer o que nós pensamos para ajudar o governo a acertar, a encontrar o melhor caminho, a buscar as melhores práticas. É para isso que estamos aqui", completou.

Ambos, Mercadante e Haddad, nada aprenderam com as décadas que passaram e continuam defendendo as mesmas ideias. Mofados, estatizantes, "desenvolvimentistas", clamando por um Estado hiperativo e hipertrofiado. O resultado já começa a aparecer em menos de um trimestre de desgoverno: a taxa de desemprego, após dez quedas consecutivas, subiu; a inflação segue elevada; a "reforma tributária" petista pode dobrar os impostos do setor de serviços; os investidores, assustados, guardam projetos de investimentos na gaveta. Não há como dar certo!

Mas não é "só" na economia. Colocar Lula, condenado por corrupção em várias instâncias, de volta ao poder foi pedir para ter um total esgarçamento do tecido social. Que moral tem uma pessoa honesta neste país? É por isso que Sérgio Cabral já se sente à vontade para atuar em busca do Oscar e se colocar como a maior vítima do planeta, alvo de um anticristo. É por isso que os irmãos Joesley e Wesley Batista, da JBS, vão fazer parte da comitiva para a China. É tudo muito transparente, ninguém pode negar: não há mais pudor algum, a turma da malandragem venceu.

E o que dizer sobre o eterno problema da nossa impunidade? Um sujeito que sequestrou e abusou de uma menina de doze anos foi solto! Sim, ele prestou depoimento e foi liberado, com uma tornozeleira eletrônica. "Eu fiquei revoltada com a soltura dele. Ele claramente comeu crimes e deve responder por isso. Eu acredito que a justiça vai ser feita. O importante é que minha irmã está viva, bem e com a família. Vamos cuidar dela, e espero que isso não aconteça com mais ninguém. Que ele não fique impune e faça isso com outras meninas inocentes. O tratamento psicológico vai ser fundamental para a recuperação dela", pontuou a irmã.

Enquanto esse sujeito desprezível foi solto, vários seguem presos pelo "crime" de ter cantado o Hino Nacional em frente ao quartel militar. Como alguém pode ter esperança num país desses? Como alguém pode insistir, sem jogar a toalha? Eis a questão! Brasileiro não desiste nunca mesmo. Nem eu, que fui alvo do sistema podre e carcomido e sou tratado como bandido. Nós não podemos abandonar de vez nosso país, entregá-lo de bandeja a esses crápulas. Não desistir, sob tais condições, é ato de puro heroísmo. Ou insanidade, talvez...

[17]
Apêndice: Os mil livros

Nunca tive um tutor, nunca fui acadêmico. Sou um autodidata, e como o leitor perceberá pela cronologia de minhas leituras, tudo foi bem caótico, sem método, sem critério. Eu pegava o livro da estante que me chamava mais a atenção naquele determinado momento. Um livro levava a outro, um artigo me instigava a mudar de tema, os interesses diversos produziam grande angústia. O momento que eu mais amava era quando finalizava um livro e tinha de escolher o próximo. Às vezes mantinha umas três leituras simultâneas. Raros foram os livros que abandonei no caminho, mas existiram. Espero que essa lista caótica tenha utilidade para os meus leitores.

2001

- *A Estratégia e o Cenário dos Negócios* – Pankaj Ghemawat
- *Manias, Panics, and Crashes* – Charles P. Kindleberger
- *Market Wizards* – Jack Schwager
- *The New Market Wizards* – Jack Schwager
- *Stock Market Wizards* – Jack Schwager
- *Os Axiomas de Zurique* – Max Gunther
- *Pai Rico, Pai Pobre* – Robert Kiyosaki
- *The Warren Buffett Way* – Robert Hagstrom
- *Straight from the Gut* – Jack Welch
- *One Up on Wall Street* – Peter Lynch
- *Investment Gurus* – Peter J. Tanous
- *Estratégia Competitiva* – Michael E. Porter
- *When Genius Failed* – Roger Lowenstein

2002

- *The Essays of Warren Buffett* – Warren Buffett, editado por Lawrence A. Cunningham
- *Reminiscences of a Stock Operator* – Edwin Lefevre
- *Mauá, Empresário do Império* – Jorge Caldeira
- *Winning on Wall Street* – Martin Zweig
- *Investment Psychology Explained* – Martin J. Pring
- *Trading to Win* – Ari Kiev
- *When to Sell* – Justin Mamis

AUTOBIOGRAFIA DE UM GUERREIRO DA LIBERDADE

- *The Battle for Investment Survival* – Gerald M. Loeb
- *Investment Titans* – Jonathan Burton
- *The Crowd: A Study of the Popular Mind* – Gustave Le Bon
- *The Art of Contrary Thinking* – Humphrey B. Neill
- *Armas, Germes e Aço* – Jared Diamond
- *The China Dream* – Joe Studwell
- *Trader Vic* – Victor Sperandeo
- *The Essential Drucker* – Peter Drucker
- *The Alchemy of Finance* – George Soros
- *Seeing Tomorrow* – Ron S. Dembo & Andrew Freeman
- *O Poder da Inteligência Emocional* – Daniel Goleman
- *Democracy in America* – Alexis de Tocqueville
- *A Arte da Guerra* – Sun Tzu
- *Chatô, o Rei do Brasil* – Fernando Morais
- *O Príncipe* – Nicolau Maquiavel
- *Fooled by Randomness* – Nassim Nicholas Taleb
- *Irrational Exuberance* – Robert J. Shiller
- *Beyond the Numbers* – William L. Simon
- *No Bull* – Michael Steinhardt
- *The 7 Habits of Highly Effective People* – Stephen R. Covey
- *Goldman Sachs: The Culture of Success* – Lisa Endlich
- *Leonardo da Vinci* – Sherwin B. Nuland
- *A Globalização e Seus Malefícios* – Joseph E. Stiglitz
- *The Great Crash: 1929* – John Kenneth Galbraith

- *A História do Vinho* – Hugh Johnson
- *Lanterna na Popa (Memórias 1)* – Roberto Campos
- *Built to Last* – James Collins & Jerry Porras
- *The Autobiography of Benjamin Franklin* – Benjamin Franklin
- *The Investor's Anthology* – Charles D. Ellis
- *Execution: The Discipline of Getting Things Done* – Larry Bossidy & Ram Charan
- *The Constitution of Liberty* – Friedrich von Hayek
- *Grandeza e Decadência dos Romanos* – Montesquieu
- *My Own Story* – Bernard M. Baruch
- *The Teachings of Lao-Tzu* – Paul Carus

2003

- *The Commanding Heights* – Daniel Yergin & Joseph Stanislaw
- *O Ambientalista Cético* – Bjorn Lomborg
- *Tomorrow's Gold* – Marc Faber
- *Sócrates: Vida e Pensamentos* – Martin Claret
- *Manual do Perfeito Idiota Latino-Americano* – Plínio Apuleyo Mendoza, Carlos Alberto Montaner & Alvaro Vargas Llosa
- *Einstein: Vida e Pensamentos* – Martin Claret
- *O Livro Negro do Comunismo* – Stéphane Courtois e outros
- *Capitalism and Freedom* – Milton Friedman
- *A Semente da Vitória* – Nuno Cobra
- *Inefficient Markets* – Andrei Shleifer

AUTOBIOGRAFIA DE UM GUERREIRO DA LIBERDADE

- *Markets, Mobs and Mayhem* – Robert Menschel
- *The Education of a Speculator* – Victor Niederhoffer
- *A Marcha da Insensatez* – Barbara W. Tuchman
- *Conquer the Crash* – Robert R. Prechter Jr.
- *Voltaire: Vida e Pensamentos* – Martin Claret
- *Stalingrado* – Antony Beevor
- *Napoleão* – Paul Johnson
- *Against the Gods* – Peter L. Bernstein
- *Take on the Street* – Arthur Levitt
- *Leadership* – Rudolph W. Giuliani
- *Galileu: Vida e Pensamentos* – Martin Claret
- *The Moral Animal* – Robert Wright
- *Nostradamus: Vida e Pensamentos* – Martin Claret
- *As Paixões e os Interesses* – Albert O. Hirschman
- *Good to Great* – Jim Collins
- *O Choque de Civilizações* – Samuel P. Huntington
- *Freud: Vida e Pensamentos* – Martin Claret
- *Monkey Business* – John Rolfe & Peter Troob
- *Putin's Russia* – Lilia Shevtsova
- *Aforismos para a Sabedoria de Vida* – Arthur Schopenhauer
- *A Obsessão Antiamericana* – Jean-François Revel
- *Politicamente Corretíssimos* – Ipojuca Pontes
- *Darwin: Vida e Pensamentos* – Martin Claret
- *The Oligarchs* – David E. Hoffman

- *Violent Entrepreneurs: The Use of Force in the Making of Russian Capitalism* – Vadim Volkov
- *Casino Moscow* – Matthew Brzezinski
- *Interpretação do Brasil* – Gilberto Freyre
- *Liar's Poker* – Michael Lewis
- *Como Fazer Amigos e Influenciar Pessoas* – Dale Carnegie
- *FIASCO: The Inside Story of a Wall Street Trader* – Frank Partnoy
- *The Virtue of Selfishness* – Ayn Rand
- *Buda: Vida e Pensamentos* – Martin Claret
- *Fora de Controle* – Erik Durschmied
- *America's Great Depression* – Murray N. Rothbard
- *Self Matters* – Phillip C. McGraw
- *Quem Ama Educa!* – Içami Tiba
- *The Mystery of Capital* – Hernando De Soto
- *Negotiating on the Edge: North Korean Negotiating Behavior* – Scott Snyder
- *A Origem Curiosa das Palavras* – Márcio Bueno
- *7 Homens e os Impérios que Construíram* – Richard S. Tedlow
- *The Tipping Point* – Malcolm Gladwell
- *O Jornalismo dos Anos 90* – Luís Nassif
- *A Infelicidade do Século* – Alain Besançon
- *Como Vencer um Debate sem Precisar Ter Razão* – Arthur Schopenhauer
- *A Revolução dos Bichos* – George Orwell
- *Neurosis and Human Growth* – Karen Horney

- *The Road to Serfdom* – Friedrich von Hayek
- *Ocidente x Islã* – Voltaire Schilling
- *Churchill* – John Lukacs
- *Devil Take the Hindmost* – Edward Chancellor
- *Calila e Dimna* – Ibn Al-Mukafa
- *O Livro Completo da Filosofia* – James Mannion
- *A Grande Ruptura* – Francis Fukuyama
- *O Ócio Criativo* – Domenico de Masi

2004

- *Nietzsche: Vida e Pensamentos* – Martin Claret
- *Turbinado* – David Magee
- *Sleeping with the Devil* – Robert Baer
- *The Selfish Gene* – Richard Dawkins
- *Who Says Elephants Can't Dance?* – Louis V. Gerstner
- *O Velho e o Mar* – Ernest Hemingway
- *Black Earth* – Andrew Meier
- *What Management Is* – Joan Magretta
- *Peter the Great* – Paul Bushkovitch
- *O Livro de Ouro da História do Mundo* – J. M. Roberts
- *A Assustadora História do Terrorismo* – Caleb Carr
- *The State* – Franz Oppenheimer
- *100 Invenções que Mudaram a História do Mundo* – Bill Yenne

- *Felicidade* – Eduardo Giannetti
- *Enron: The Rise and Fall* – Loren Fox
- *Cleópatra* – Ernle Bradford
- *In Search of Excellence* – Thomas J. Peters & Robert H. Waterman
- *Capitalism: The Unknown Ideal* – Ayn Rand
- *On Money and Markets* – Henry Kaufman
- *Ronald Reagan: How an Ordinary Man Became an Extraordinary Leader* – Dinesh D'Souza
- *Barbarians at the Gate* – Bryan Burrough & John Helyar
- *Liberalism* – Ludwig von Mises
- *The Contrarian Manager* – Richard Jenrette
- *Why Atheism?* – George H. Smith
- *O Jardim das Aflições* – Olavo de Carvalho
- *O Crescimento pela Inovação* – Clayton Christensen & Michael Raynor
- *A Queda de Constantinopla 1453* – Steven Runciman
- *Intellectual Capital* – Thomas A. Stewart
- *O Código Da Vinci* – Dan Brown
- *Fides et Ratio* – Papa João Paulo II
- *Putting Humans First* – Tibor R. Machan
- *O Elogio do Burro* – José Oswaldo de Meira Penna
- *A Revolução Conservadora* – Aristóteles Drummond
- *A Utopia do Brasil* – Legrand
- *Putin: Russia's Choice* – Richard Sakwa

AUTOBIOGRAFIA DE UM GUERREIRO DA LIBERDADE

- *Máfia Verde* – Executive Intelligence Review
- *A Janela de Euclides* – Leonard Mlodinow
- *The Perestroika Deception* – Anatoliy Golitsyn
- *Os Limites da Ação do Estado* – Wilhelm von Humboldt
- *Na Virada do Milênio* – Roberto Campos
- *A Tapas e Pontapés* – Diogo Mainardi
- *De Beirute a Jerusalém* – Thomas L. Friedman
- *O Elogio ao Ócio* – Bertrand Russell
- *A Política* – Aristóteles
- *O Profeta Maomé: Uma Biografia* – Barnaby Rogerson
- *Alexandre, O Grande* – Plutarco

2005

- *A Crise do Islã* – Bernard Lewis
- *Os Assassinos* – Bernard Lewis
- *Segundo Tratado sobre o Governo* – John Locke
- *Atlas Shrugged* – Ayn Rand
- *Cândido* – Voltaire
- *Utopia* – Thomas More
- *A Cidade do Sol* – Tommaso Campanella
- *The Case for Democracy* – Natan Sharansky
- *PT na Encruzilhada* – Denis L. Rosenfield
- *Fome Zero* – diversos autores
- *O PT e o Dilema da Representação Política* – Paulo Roberto Leal

- *O Sapo e o Príncipe* – Paulo Markun
- *A Estrela Não É Mais Vermelha* – Oswaldo do Amaral
- *Ação Afirmativa ao Redor do Mundo* – Thomas Sowell
- *1984* – George Orwell
- *Falhas de Governo* – Gordon Tullock, Arthur Seldon & Gordon L. Brady
- *Construção de Estados* – Francis Fukuyama
- *The Prize: The Epic Quest for Oil, Money & Power* – Daniel Yergin
- *A Lei* – Frédéric Bastiat
- *O Renascimento* – Paul Johnson
- *Intervencionismo: Uma Análise Econômica* – Ludwig von Mises
- *Atitude!* – Justin Herald
- *A Metamorfose* – Franz Kafka
- *Tábula Rasa* – Steven Pinker
- *Antropologia Cultural* – Franz Boas
- *A Crise Argentina* – Maurício Rojas
- *Ecce Homo* – Friedrich Nietzsche
- *O Que é o Liberalismo?* – Donald Stewart Jr.
- *Antígona* – Sófocles
- *Em Defesa de Israel* – Alan Dershowitz
- *Fábulas* – Esopo
- *O que é Política?* – Hannah Arendt
- *Entre os Cupins e os Homens* – Og Francisco Leme
- *Free to Choose* – Milton Friedman

- *Manifesto do Partido Comunista* – Karl Marx & Friedrich Engels
- *Philosophy: Who Needs It?* – Ayn Rand
- *Bias* – Bernard Goldberg
- *O Rei de Ferro* – Maurice Druon
- *A Rainha Estrangulada* – Maurice Druon
- *O Poder do Ouro* – Peter Bernstein
- *Freakonomics* – Steven D. Levitt & Stephen J. Dubner
- *Assim Falou Zaratustra* – Friedrich Nietzsche
- *A Descoberta da Liberdade* – Sérgio Werlang
- *Free Trade under Fire* – Douglas Irwin
- *The Oil Factor* – Stephen Leeb & Donna Leeb
- *O que é Seu é Meu* – Adam Thierer & Clyde Wayne
- *O Fim de uma Era* – John Lukacs
- *Duas Narrativas Fantásticas* – Fiódor Dostoiévski
- *Em Defesa da Globalização* – Jagdish Bhagwati
- *Shakespeare* – Anthony Holden
- *As Origens do Pensamento Grego* – Jean-Pierre Vernant
- *Cultura do Trabalho* – Instituto de Estudos Empresariais
- *Our Brave New World* – Charles Gave & Louis-Vincent Gave
- *Lanterna na Popa (Memórias 2)* – Roberto Campos
- *Imaculado Lorenzo* – Vicente Parente
- *Como a Corrupção Abalou o Governo Lula* – Luiz Otávio Cavalcanti
- *An Enemy of the People* – Henrik Ibsen

- *Rei Lear* – William Shakespeare
- *The Merchant of Venice* – William Shakespeare
- *Twilight in the Desert* – Matthew R. Simmons
- *Cachorros de Palha* – John Gray
- *A Ordem Econômica* – Og Francisco Leme
- *O Caso dos Exploradores de Cavernas* – Lon Fuller
- *O Luar e a Rainha* – Ivan Lessa

2006

- *A República* – Platão
- *Euthyphro, Apology, Crito* – Platão
- Édipo *Rei* – Sófocles
- *Electra* – Sófocles
- *Nana Nenê* – Gary Ezzo & Robert Buckman
- *Macbeth* – William Shakespeare
- *A Força das Ideias* – Isaiah Berlin
- *Imposturas Intelectuais* – Alan Sokal & Jean Bricmont
- *A Rebelião das Massas* – José Ortega y Gasset
- *The Wisdom of Crowds* – James Surowiecki
- *Hamlet* – William Shakespeare
- *O Mundo É Plano* – Thomas L. Friedman
- *Esquerda e Direita: Perspectivas para a Liberdade* – Murray N. Rothbard
- *O Valor do Amanhã* – Eduardo Giannetti

AUTOBIOGRAFIA DE UM GUERREIRO DA LIBERDADE

- *Discurso do Método* – René Descartes
- *Custo e Escolha* – James Buchanan
- *As Seis Lições* – Ludwig von Mises
- *Contra o Consenso* – Reinaldo Azevedo
- *O Médico e o Monstro* – R. L. Stevenson
- *The Elusive Quest For Growth* – William Easterly
- *Mozart: Sociologia de um Gênio* – Norbert Elias
- *A Nascente* – Ayn Rand
- *A Arte da Prudência* – Baltasar Gracián
- *Objetivismo: A Filosofia de Ayn Rand* – Leonard Peikoff
- *Os Intelectuais* – Paul Johnson
- *A Term at the Fed* – Laurance Meyer
- *Ocidentalismo* – Ian Buruma & Avishai Margalit
- *Desestatização do Dinheiro* – Friedrich von Hayek
- *O Riso* – Henri Bergson
- *Os Venenos da Coroa* – Maurice Druon
- *Hedgehogging* – Barton Biggs
- *Escritos de Política* – Benjamin Constant
- *Isaac Newton: Uma Biografia* – James Gleick
- *The Psychology of Investing* – John R. Nofsinger
- *Propriedade e Liberdade* – Richard Pipes
- *The Rage and the Pride* – Oriana Fallaci
- *Notas do Subterrâneo* – Fiódor Dostoiévski
- *Autoengano* – Eduardo Giannetti

- *Blink* – Malcolm Gladwell
- *Contra o Brasil* – Diogo Mainardi
- *Escola Austríaca* – Jesus Huerta de Soto
- *Os Criadores* – Paul Johnson
- *Não Somos Racistas* – Ali Kamel
- *Cabeça de Negro* – Paulo Francis
- *Cuba, a Tragédia da Utopia* – Percival Puggina
- *The Ethics of Redistribution* – Bertrand de Jouvenel
- *The Quest for Cosmic Justice* – Thomas Sowell
- *The Morals of Markets and Related Essays* – H. B. Acton
- *10 Dias que Abalaram o Mundo* – John Reed
- Átila, *o Huno* – John Man
- *Salvador Allende: Antissemitismo e Eutanásia* – Víctor Farías
- *Understanding the Process of Economic Change* – Douglas C. North
- *Envy: A Theory of Social Behavior* – Helmut Schoeck
- *Reforma da Previdência: O Encontro Marcado* – Fábio Giambiagi
- *O Dilema Americano* – Francis Fukuyama
- *A Lei dos Varões* – Maurice Druon
- *Teoria dos Sentimentos Morais* – Adam Smith

2007

- *A Loba de França* – Maurice Druon
- *A Lei e a Ordem* – Ralf Dahrendorf
- *Não Sou uma Só: Diário de uma Bipolar* – Marina W.

AUTOBIOGRAFIA DE UM GUERREIRO DA LIBERDADE

- *Night of January 16th* – Ayn Rand
- *100 Discursos Históricos* – Carlos Figueiredo
- *Em Busca de um Mundo Melhor* – Karl Popper
- *Patrimonialismo e a Realidade Latino-Americana* – Ricardo Vélez Rodriguez
- *O Túmulo do Fanatismo* – Voltaire
- *A Market Theory of Money* – John Hicks
- *História da Guerra Fria* – John Lewis Gaddis
- *Moral Freedom* – Alan Wolfe
- *Frédéric Bastiat* – Frédéric Bastiat
- *Literatura e Política* – George Orwell
- *A Inquisição* – Michael Baigent & Richard Leigh
- *A Liberdade* – John Stuart Mill
- *Utilitarismo* – John Stuart Mill
- *A Economia em Pessoa* – Fernando Pessoa
- *The Universal Hunger for Liberty* – Michael Novak
- *A Declaração de Independência dos Estados Unidos* – Stephanie S. Driver
- *Senso Comum* – Thomas Paine
- *Pensamentos* – Epicuro
- *Meditações* – Marco Aurélio
- *Admirável Mundo Novo* – Aldous Huxley
- *Comentários Políticos* – Voltaire
- *O Anticristo* – Friedrich Nietzsche
- *O Dinossauro* – José Osvaldo de Meira Penna

- *Brasil: Raízes do Atraso* – Fabio Giambiagi
- *Ensaios Morais, Políticos e Literários* – David Hume
- *Tratado Sobre a Tolerância* – Voltaire
- *Meditação Sobre a Técnica* – José Ortega y Gasset
- *A Tempestade* – William Shakespeare
- *Muito Barulho por Nada* – William Shakespeare
- *Economics in One Lesson* – Henry Hazlitt
- *A Lógica da Liberdade* – Michael Polanyi
- *Otelo* – William Shakespeare
- *O Intelectual e o Mercado* – George J. Stigler
- *O Dilema da Democracia* – Arthur Seldon
- *A Solução Liberal* – Guy Sorman
- *The End is Not Nigh* – GaveKal Research
- *The Firm, The Market and the Law* – Ronald H. Coase
- *A Teoria da Exploração do Socialismo-Comunismo* – Eugen von Böhm-Bawerk
- *A Princesa da Babilônia* – Voltaire
- *Comunismo* – Richard Pipes
- *A Natureza do Processo* – José Guilherme Merquior
- *Inteligência & Ação Democrática* – Frank H. Knight
- *The Government Against the Economy* – George Reisman
- *Liberty for Latin America* – Alvaro Vargas Llosa
- *Democracy: The God that Failed* – Hans-Hermann Hoppe
- *The Discovery of Freedom* – Rose Wilder Lane

AUTOBIOGRAFIA DE UM GUERREIRO DA LIBERDADE

- *A Sociedade de Confiança* – Alain Peyrefitte
- *Competition & Entrepreneurship* – Israel M. Kirzner
- *Princípios de Economia Política* – Carl Menger
- *Ideal* – Ayn Rand
- *Vícios Privados, Benefícios Públicos?* – Eduardo Giannetti
- *Defending the Undefendable* – Walter Block
- *O Liberalismo e a Europa* – Ralf Dahrendorf
- *Areopagítica* – John Milton
- *A China Sacode o Mundo* – James Kynge
- *A Suécia Depois do Modelo Sueco* – Mauricio Rojas
- *O Essencial von Mises* – Murray N. Rothbard
- *Lula é Minha Anta* – Diogo Mainardi
- *A Sabedoria dos Antigos* – Francis Bacon
- *Ayn Rand* – Tibor Machan
- *The Psychology of Self-Esteem* – Nathaniel Branden
- *Anarchy, State and Utopia* – Robert Nozick
- *Democracia & Liderança* – Irving Babbitt
- *O Lis e o Leão* – Maurice Druon
- *Carta Sobre a Tolerância* – John Locke
- *Elogio da Loucura* – Erasmo de Rotterdam
- *Os Últimos Dias da Europa* – Walter Laqueur
- *The Man Versus the State* – Herbert Spencer

2008

- *O Capelão do Diabo* – Richard Dawkins
- *The Fable of the Bees* – Bernard Mandeville
- *Escritos Políticos* – John Milton
- *God is not Great* – Christopher Hitchens
- *Carta a uma Nação Cristã* – Sam Harris
- *A Era da Turbulência* – Alan Greenspan
- *O Mundo Assombrado pelos Demônios* – Carl Sagan
- *História Natural da Religião* – David Hume
- *Os Versos Satânicos* – Salman Rushdie
- *Why Globalization Works* – Martin Wolf
- *The Anti-Capitalistic Mentality* – Ludwig von Mises
- *Bureaucracy* – Ludwig von Mises
- *The Ultimate Foundation of Economic Science* – Ludwig von Mises
- *Por Trás do Véu de Ísis* – Marcel Souto Maior
- *Humano, Demasiado Humano* – Friedrich Nietzsche
- *China: The Balance Sheet* – Fred Bergsten, Bates Gill, Nicholas R. Lardy & Derek Mitchell
- *Eu, Primata* – Frans de Waal
- *The Fatal Conceit* – Friedrich von Hayek
- *Salvando o Capitalismo dos Capitalistas* – Raghuram Rajam & Luigi Zingales
- *Speaking of Liberty* – Llewellyn H. Rockwell Jr.
- *O Homem Medíocre* – José Ingenieros

AUTOBIOGRAFIA DE UM GUERREIRO DA LIBERDADE

- *Sobre a Brevidade da Vida* – Sêneca
- *The Ethics of Liberty* – Murray N. Rothbard
- *O Homem Racional* – Henry B. Veatch
- *Pioneering Portfolio Management* – David F. Swensen
- *Discurso sobre a Servidão Voluntária* – Étienne de La Boétie
- *As Aventuras de Jonas, o Ingênuo* – Ken Schoolland
- *Individualism and Economic Order* – Friedrich von Hayek
- *O Autêntico Adam Smith* – James Buchan
- *Cuba sem Fidel* – Brian Latell
- *Sucateando o Planeta* – Dixy Lee Ray & Lou Guzzo
- *Cartas à Mãe: Direto do Inferno* – Ingrid Betancourt
- *Omnipotent Government* – Ludwig von Mises
- *The Black Swan* – Nassim Nicholas Taleb
- *Man's Search for Meaning* – Viktor Frankl
- *Sobre a Vaidade* – Montaigne
- *Money and Freedom* – Hans F. Sennholz
- *A Megera Domada* – William Shakespeare
- *Vienna & Chicago: Friends or Foes?* – Mark Skousen
- *Rompendo o Marasmo* – Armando Castelar Pinheiro & Fábio Giambiagi
- *We the Living* – Ayn Rand
- *Cool It* – Bjorn Lomborg
- *The Improving State of the World* – Indur Goklany
- *Barbarians Inside the Gates* – Thomas Sowell

- *A Análise do Patrimonialismo Através da Literatura Latino-Americana* – Ricardo Vélez Rodriguez
- *Crepúsculo dos* Ídolos – Friedrich Nietzsche
- *O Capital de Marx* – Francis Wheen
- *The Revolution: A Manifesto* – Ron Paul
- *When Markets Collide* – Mohamed El-Erian
- *O Mito do Contexto* – Karl Popper
- *Entre o Dogmatismo Arrogante e o Desespero Cético* – Alberto Oliva
- *The Autobiography of Thomas Jefferson* – Thomas Jefferson

2009

- *Fooling Some of the People All of the Time* – David Einhorn
- *Crime e Castigo* – Fiódor Dostoiévski
- *The Theory of Money and Credit* – Ludwig Von Mises
- *O Oriente Médio* – Bernard Lewis
- *The Real Lincoln* – Thomas DiLorenzo
- *The Case Against the Fed* – Murray N. Rothbard
- *The Forgotten Man* – Amity Shlaes
- *Maus Samaritanos* – Ha-Joon Chang
- *O Mito de Sísifo* – Albert Camus
- *The Panic of 1819* – Murray N. Rothbard
- *O Zero e o Infinito* – Arthur Koestler
- *O Jogador* – Fiódor Dostoiévski

AUTOBIOGRAFIA DE UM GUERREIRO DA LIBERDADE

- *A Demon of Our Own Design* – Richard Bookstaber
- *The Causes of the Economic Crisis* – Ludwig von Mises
- *A Solução para o Subprime* – Robert Shiller
- *O Livro das Citações* – Eduardo Giannetti
- *Os Pecados do Capital* – Robert Murphy
- *Getting Off Track* – John Taylor
- *Antitrust: A Case for Repeal* – Dominick Armentano
- *Theory and History* – Ludwig von Mises
- *Meltdown* – Thomas Woods Jr.
- *Prices and Production* – Friedrich von Hayek
- *The Economic Point of View* – Israel Kirzner
- *The Counter-Revolution of Science* – Friedrich von Hayek
- *O Rio e seu Segredo* – Zhu Xiao-Mei
- *Cosimo de Medici: Memórias de um Líder Renascentista* – Luiz Felipe D'Ávila
- *The Mystery of Banking* – Murray N. Rothbard
- *Ouvintes Alemães!* – Thomas Mann
- *Regulação Privada* – Yesim Yilmaz
- *How Capitalism Saved America* – Thomas DiLorenzo
- *Capital & Its Structure* – Ludwig Lachmann
- *The Privatization of Roads & Highways* – Walter Block
- *Quarenta Séculos de Controles de Preços e Salários* – R. Schuettinger & E. Butler
- *No Mundo dos Livros* – José Mindlin
- *O Livro dos Insultos* – H. L. Mencken

- *Notes on Democracy* – H. L. Mencken
- *O Mito da Democracia* – Tage Lindbom
- *Economia e Liberdade* – Ubiratan J. Iorio
- *Fora de Série: Outliers* – Malcolm Gladwell
- *Economia e Filosofia na Escola Austríaca* – Ricardo Feijó
- *The Poverty of Historicism* – Karl Popper
- *How to Lie With Statistics* – Darrell Huff
- *Tratado de Ateologia* – Michel Onfray
- *A Revolução Gramscista no Ocidente* – Sérgio Augusto de Avellar Coutinho
- *The Driver* – Garet Garrett
- *Galileu Anticristo: Uma Biografia* – Michael White
- *For a New Liberty* – Murray N. Rothbard
- *Anthem* – Ayn Rand
- *Our Enemy, The State* – Albert Jay Nock
- *No Treason* – Lysander Spooner
- *The Housing Boom and Bust* – Thomas Sowell
- *Uma Gota de Sangue* – Demétrio Magnoli
- *FDR's Folly* – Jim Powell
- *Memoirs* – Ludwig von Mises
- *The Cult of Presidency* – Gene Healy
- *A Persistência da Raça* – Peter Fry
- *O Futuro de uma Ilusão* – Sigmund Freud
- *O Sonho de Cipião* – Iain Pears

- *Faith in Freedom* – Thomas Szasz
- *1989: O Ano que Mudou o Mundo* – Michael Meyer
- *Eu, Prisioneira das Farc* – Clara Rojas
- *The Machinery of Freedom* – David Friedman
- *Enterrem as Correntes* – Adam Hochschild
- *Tristes Trópicos* – Claude Lévi-Strauss
- *O Terremoto Financeiro* – Norman Gall
- *O Andar do Bêbado* – Leonard Mlodinow
- *De Cuba, com Carinho* – Yoani Sánchez
- *Goddess of the Market: Ayn Rand and the American Right* – Jennifer Burns
- *Um Judeu sem Deus* – Peter Gay

2010

- *Pureza Fatal* – Ruth Scurr
- *Guia Politicamente Incorreto da História do Brasil* – Leandro Narloch
- *Assim Caminha a Insanidade* – Caio Costa
- *Socialism* – Ludwig von Mises
- *End the Fed* – Ron Paul
- *Do Bom Selvagem ao Bom Revolucionário* – Carlos Rangel
- *A Ilha* – Aldous Huxley
- *Homem Comum* – Philip Roth
- *A Conflict of Visions* – Thomas Sowell

- *Moral Minority* – Brooke Allen
- *Direitos do Homem* – Thomas Paine
- *O Processo* – Franz Kafka
- *A Elite Dirigente do Governo Lula* – Maria Celina D'Araújo
- *A Anatomia do Fascismo* – Robert O. Paxton
- *O Mal-Estar na Cultura* – Sigmund Freud
- *Mussolini e a Ascensão do Fascismo* – Donald Sassoon
- *Who Killed the Constitution?* – Thomas E. Woods & Kevin C. Gutzman
- *As Vinhas da Ira* – John Steinbeck
- *A Devassa da Devassa* – Kenneth Maxwell
- *A Pobreza das Teorias Desenvolvimentistas* – Deepak Lal
- *A Queda* – Albert Camus
- *Liberal Fascism* – Jonah Goldberg
- *A História da Escravidão* – Olivier Pétre-Grenouilleau
- *Instinto Humano* – Robert Winston
- *Complô Contra a América* – Philip Roth
- *O Continente Esquecido* – Michael Reid
- *O Dedo na Ferida* – Alberto Carlos Almeida
- *Mente Cativa* – Czeslaw Milosz
- *Lords of Finance* – Liaquat Ahamed
- *O Símbolo Perdido* – Dan Brown
- *Por que o Ocidente Venceu* – Victor Davis Hanson
- *The Moral Foundation of Democracy* – John H. Hallowell

- *Sem Plumas* – Woody Allen
- *The Great Reflation* – J. Anthony Boech
- *Contraponto* – Aldous Huxley
- *Péricles: O Inventor da Democracia* – Claude Mossé
- *Na Casa de Meu Pai* – Kwame Anthony Appiah
- *Ensaios sobre Moral e Política* – Francis Bacon
- *Federalismo: Uma Introdução* – George Anderson
- *A Alma do Homem sob o Socialismo* – Oscar Wilde
- *Totem e Tabu* – Sigmund Freud
- *Elogio da Corrupção* – Marie-Laure Susini
- *José Bonifácio de Andrada e Silva* – Jorge Caldeira (org.)
- *Os Bastidores da Crise* – David Wessel
- *Silêncio, Cuba* – Claudia Hilb
- *Bussunda: A Vida do Casseta* – Guilherme Fiuza
- *A Ilusão da Alma* – Eduardo Giannetti
- *Que Loucura!* – Woody Allen
- *O Chefe* – Ivo Patarra
- *Os Chefes* – Mario Vargas Llosa
- *A Vitória de Orwell* – Christopher Hitchens
- *História do Brasil com Empreendedores* – Jorge Caldeira
- *A Guerra das Privatizações* – Ney Carvalho
- *Os Cadernos de Dom Rigoberto* – Mario Vargas Llosa
- *História do Liberalismo Brasileiro* – Antônio Paim
- *Sabres e Utopias* – Mario Vargas Llosa

- *Um Negócio Fracassado* – Anton Tchékhov
- *Dentro da Baleia* – George Orwell
- *More Than You Know* – Michael J. Mauboussin
- *A Sociedade Aberta e Seus Inimigos: vol. 1* – Sir Karl Popper
- *A Verdade das Mentiras* – Mario Vargas Llosa
- *O Estrangeiro* – Albert Camus
- *O Gattopardo* – Tomasi Di Lampedusa
- *Ideias Políticas na Era Romântica* – Isaiah Berlin
- *Um Homem Extraordinário e Outras Histórias* – Anton Tchékhov
- *Contra um Mundo Melhor* – Luiz Felipe Pondé
- *A Situação Humana* – Aldous Huxley

2011

- *Os Últimos Dias dos Romanov* – Helen Rappaport
- *Aforismos* – Karl Kraus
- *A Economia das Crises* – Nouriel Roubini & Stephen Mihm
- *Churchill* – Paul Johnson
- *Liberty and Tyranny* – Mark Levin
- *The Downing Street Years* – Margaret Thatcher
- *The Tragedy of the Euro* – Philipp Bagus
- *What It Means to Be a Libertarian* – Charles Murray
- *A Beleza e o Inferno* – Roberto Saviano
- *A Humilhação* – Philip Roth

AUTOBIOGRAFIA DE UM GUERREIRO DA LIBERDADE

- *Lord of the Flies* – William Golding
- *As Palavras de Martin Luther King* – Martin Luther King
- *Pantaleão e as Visitadoras* – Mario Vargas Llosa
- *The Net Delusion* – Evgeny Morozov
- *Manual da Paixão Solitária* – Moacyr Scliar
- *Oito Séculos de Delírios Financeiros* – Kenneth Rogoff & Carmen Reinhart
- *O Caminho para a Liberdade* – Arthur Schnitzler
- *O Estado Babá* – David Harsanyi
- Ímpio – Fábio Marton
- *The Myth of Rational Voter* – Bryan Caplan
- *O Verdadeiro Che Guevara* – Humberto Fontova
- *O Arroz de Palma* – Francisco Azevedo
- *Capitalismo de Laços* – Sérgio Lazzarini
- *China's Economic Transformation* – Gregory Chow
- *A Revolução Invisível* – Peter Drucker
- *O Aleph* – Jorge Luis Borges
- *O Sonho do Celta* – Mario Vargas Llosa
- *O Médico das Termas* – Arthur Schnitzler
- *O Último Dia do Mundo* – Nicholas Shrady
- *O Fim da Ilusão* – Medina Carreira
- *Av. Paulista* – João Pereira Coutinho
- *As Boas Intenções* – Max Aub
- *O Exército de um Homem Só* – Moacyr Scliar

- *O Mal* – Michel Lacroix
- *Crimes exemplares* – Max Aub
- *Inflated: How Money and Debt Built the American Dream* – Christopher Whalen
- *Os Heróis* – Paul Johnson
- *Guia Politicamente Incorreto da América Latina* – Leandro Narloch & Duda Teixeira
- *Uma Temporada com Lacan* – Pierre Rey
- *O Alienista* – Machado de Assis
- *The Day After the Dollar Crashes* – Damon Vickers
- *Alone Together* – Sherry Turkle
- *Two Faces of Liberalism* – John Gray
- *Exorbitant Privilege* – Barry Eichengreen
- *Memórias Póstumas de Brás Cubas* – Machado de Assis
- *Limites da Utopia* – Isaiah Berlin
- *O Mundo segundo Steve Jobs* – George Beahm
- *O Óbvio Ululante* – Nelson Rodrigues
- *A Máscara da África* – V. S. Naipaul
- *Race & Economics* – Walter Williams
- *Marx, Hayek and Utopia* – Chris Seiabarra
- *Maristela: Pura e Infiel* – Aurélio Schommer
- *Da República* – Cícero
- *A Festa do Bode* – Mario Vargas Llosa
- *Fora de Órbita* – Woody Allen

- *Missa Negra* – John Gray
- *Arcádia* – Tom Stoppard
- *O Verdadeiro Inspetor Cão* – Tom Stoppard
- *Rosencrantz e Guildenstern Estão Mortos* – Tom Stoppard
- *Justiça* – Michael J. Sandel
- *Bust: Greece, the Euro, and the Soverign Debt Crisis* – Matthew Lynn
- *O Coração das Trevas* – Joseph Conrad

2012

- *Double Your Profits in 6 Months or Less* – Bob Fifer
- *O Cemitério de Praga* – Umberto Eco
- *A Inocência de Padre Brown* – G. K. Chesterton
- *Endgame: The End of Debt Supercycle* – John Mauldin & Jonathan Tepper
- *Self-Reliance* – Ralph Waldo Emerson
- *Diário de um Ano Ruim* – J. M. Coetzee
- *The Vision of the Anointed* – Thomas Sowell
- *Money Mischief* – Milton Friedman
- *Lembranças de 1848* – Alexis de Tocqueville
- *The Greatest Minds and Ideas of All Time* – Will Durant
- *O Paraíso na Outra Esquina* – Mario Vargas Llosa
- *The Sense of an Ending* – Julian Barnes
- *A Tentação do Impossível* – Mario Vargas Llosa

- *Bumerangue* – Michael Lewis
- *Nêmesis* – Philip Roth
- *O Animal Agonizante* – Philip Roth
- *Crônicas* – Og Francisco Leme
- *The Holy Grail of Macroeconomics* – Richard Koo
- *O Vício do Amor* – Mario Sabino
- *O Visconde Partido ao Meio* – Italo Calvino
- *A Plague of Prisons* – Ernest Drucker
- *A História das Constituições Brasileiras* – Marco Antonio Villa
- *Tia Julia e o Escrevinhador* – Mario Vargas Llosa
- *Guia Politicamente Incorreto da Filosofia* – Luiz Felipe Pondé
- *The Birth of the Euro* – Otmar Issing
- *Patrimônio* – Philip Roth
- *Civilization: The West and the Rest* – Niall Ferguson
- *The True Believer* – Eric Hoffer
- *The End of the Euro* – Johan van Overtveldt
- *História do Brasil Vira-Lata* – Aurélio Schommer
- *Privatization in Latin America* – Alberto Chong
- *A Privataria Tucana* – Amaury Ribeiro Jr.
- *Por que Virei à Direita* – João Pereira Coutinho, Luiz Felipe Pondé & Denins Rosenfield
- *The Privatization of the Oceans* – Rögnvaldur Hannesson
- *Diário da Corte* – Paulo Francis
- *O Contrato Social* – Jean-Jacques Rousseau

AUTOBIOGRAFIA DE UM GUERREIRO DA LIBERDADE

- *After the Fall* – Walter Lacqueur
- *Os Virtuosos* – Luiz Felipe D'Ávila
- *Privatização do Sistema Prisional Brasileiro* – Grecianny Carvalho Cordeiro
- *Thinking Fast and Slow* – Daniel Kahneman
- *O Eterno Marido* – Fiódor Dostoiévski
- *Reflexões sobre a Revolução na França* – Edmund Burke
- *The Uses of Pessimism* – Roger Scruton
- *In Praise of Prejudice* – Theodore Dalrymple
- *Breakout Nations* – Ruchir Sharma
- *Nos Trilhos da Privatização* – Inez Stampa
- *From State to Market?* – Vivien Schmidt
- *Pegando no Tranco* – Ricardo Neves
- *A Capitalism for the People* – Luigi Zingales
- *A Lebre com Olhos de Âmbar* – Edmund de Waal
- *Privatização no Sistema Bancário e o Caso Banespa* – Maria da Conceição Rocha
- *Watermelons* – James Delingpole
- *A Elegância do Ouriço* – Muriel Barbery
- *Sanguessugas do Brasil* – Lúcio Vaz
- *Currency Wars* – James Rickards
- *A Queda* – Diogo Mainardi
- *O Legado de Eszter* – Sándor Márai
- *Anything Goes* – Theodore Dalrymple

- *Fidel: O Tirano Mais Amado do Mundo* – Humberto Fontova
- *O Reacionário* – Nelson Rodrigues
- *A Ilha do Doutor Castro* – Corinne Cumerlato & Denis Rousseau
- *The New Depression* – Richard Duncan
- *The Conservative Mind* – Russell Kirk
- *The Great Stagnation* – Tyler Cowen
- *As Brasas* – Sándor Márai
- *As Esganadas* – Jô Soares
- *Juventude* – J. M. Coetzee
- *The Hedge Fund Mirage* – Simon Lack
- *The Tyranny of Cliches* – Jonah Goldberg
- *Paris: A Festa Continuou* – Alan Riding
- *Contos* – Eça de Queiroz
- *When Money Dies* – Adam Fergusson
- *Angelina* – Andrew Morton
- *Sócrates: Um homem do Nosso Tempo* – Paul Johnson
- *Hollywood Hypocrites* – Jason Mattera
- *Do as I Say (Not as I Do)* – Peter Schweizer
- *Michael Moore is a Big Fat Stupid White Man* – David Hardy & Jason Clarke
- *United in Hate* – Jamie Glazov
- *Rebeldes* – Sándor Márai
- *Dupes* – Paul Kengor

2013

- *Life at the Bottom* – Theodore Dalrymple
- *Poemas* – Millôr Fernandes
- *A Sociedade que Não Quer Crescer* – Sergio Sinay
- *Coming Apart* – Charles Murray
- *After America* – Mark Steyn
- *Scapegoat: A History of Blaming Other People* – Charlie Campbell
- *Gandhi: Ambição Nua* – Jad Adams
- *Hollywood, Interrupted* – Andrew Breitbart & Mark Ebner
- *Obama's Zombies* – Jason Mattera
- *Oprah: A Biography* – Kitty Kelley
- *Tales From the Left Coast* – James Hirsen
- *John Lennon: O Ídolo que Transformou Gerações* – Gary Tillery
- *Encontros: Maio de 68* – Org. de Sergio Cohn e Heyk Pimenta
- *Unholy Alliance* – David Horowitz
- *Contra Toda a Esperança* – Armando Valladares
- *Antes que Anoiteça* – Reinaldo Arenas
- *Filho do Hamas* – Mosab Hassan Yousef
- *Fuga do Campo 14* – Blaine Harden
- *Tower of Babble* – Dore Gold
- *Infiel* – Ayaan Hirsi Ali
- *The Long March* – Roger Kimball

- *Why the West is Best* – Ibn Warraq
- *Manifesto do Nada na Terra do Nunca* – Lobão
- *Radical Chic* – Tom Wolfe
- *There is No Alternative: Why Margaret Thatcher Matters* – Claire Berlinski
- *Political Pilgrims* – Paul Hollander
- *Demonic* – Ann Coulter
- *The Victims' Revolution* – Bruce Bawer
- *Dirceu* – Otávio Cabral
- *Networks of Outrage and Hope* – Manuel Castells
- *Bullies* – Ben Shapiro
- *A Civilização do Espetáculo* – Mario Vargas Llosa
- *Spring Fever* – Andrew McCarthy
- *Spoilt Rotten* – Theodore Dalrymple
- *A Revolução Americana* – Gordon Wood
- *The Opium of the Intellectuals* – Raymond Aron
- *Libertação* – Sándor Márai
- *Holocausto Brasileiro* – Daniela Arbex
- *O que o Dinheiro Não Compra* – Michael J. Sandel
- *Divórcio em Buda* – Sándor Márai
- *A Filosofia da Adúltera* – Luiz Felipe Pondé
- *A Condição Humana* – Hannah Arendt
- *O Herói Discreto* – Mario Vargas Llosa
- *Knowledge and Power* – George Gilder

- *Always Right* – Niall Ferguson
- *Radicais nas Universidades* – Roger Kimball
- *Ideas Have Consequences* – Richard Weaver
- *1Q84: Livro 1* – Haruki Murakami
- *1Q84: Livro 2* – Haruki Murakami
- *Década Perdida* – Marco Antonio Villa
- *The Frontman: Bono* – Harry Browne
- *1Q84: Livro 3* – Haruki Murakami
- *Após o Anoitecer* – Haruki Murakami

2014

- *Kafka à Beira-Mar* – Haruki Murakami
- *Litter: The Remains of our Culture* – Theodore Dalrymple
- *A Política da Prudência* – Russell Kirk
- *Do que Eu Falo quando Eu Falo de Corrida* – Haruki Murakami
- *The Rational Optimist* – Matt Riddley
- *A Cabra Vadia* – Nelson Rodrigues
- *The Wilder Shores of Marx* – Theodore Dalrymple
- *The Intolerance of Tolerance* – D. A. Carson
- *Então Tá, Jeeves* – P. G. Wodehouse
- *Sem Dramas, Jeeves* – P. G. Wodehouse
- *What is Marriage?* – Sherif Girgis, Ryan Anderson & Robert George
- *Our Culture, What's Left of It* – Theodore Dalrymple

- *O Marxismo e a Questão Racial* – Carlos Moore
- *Notes from Underground* – Roger Scruton
- *Adam and Eve after the Pill* – Mary Eberstadt
- *Henrique V* – William Shakespeare
- *Simón Bolívar* – Karl Marx
- *A Palavra Pintada* – Tom Wolfe
- *Diabo Apaixonado* – Jacques Cazotte
- *Maquiavel Pedagogo* – Pascal Bernardin
- *Education in a Free Society* – Liberty Fund
- *The Voice of Liberal Learning* – Michael Oakeshott
- *1789: A história de Tiradentes* – Pedro Doria
- *Lee Kuan Yew: The Grand Master's Insights* – Graham Allison
- *O Professor* – Cristovão Tezza
- *Entre Amigos* – Amós Oz
- *Darwin: Retrato de um Gênio* – Paul Johnson
- *História e Utopia* – Emil Cioran
- *Sangue nas Veias* – Tom Wolfe
- *Beauty: A Very Short Introduction* – Roger Scruton
- *As Ideias Conservadoras* – João Pereira Coutinho
- *Fé em Deus e Pé na Tábua* – Roberto DaMatta
- *Jeitinho Brasileiro, Mazelas Históricas e Cultura Jurídico-Tributária* – Sergio Ricardo Ferreira Mota
- *A Primeira História do Mundo* – Alberto Mussa
- *Planeta Azul em Algemas Verdes* – Václav Klaus
- *A Vida Secreta de Fidel* – Juan Reinaldo Sánchez
- *Brazil Is Not for Amateurs* – Belmiro Castor

AUTOBIOGRAFIA DE UM GUERREIRO DA LIBERDADE

- *Desonra* – J. M. Coetzee
- *The War on Men* – Suzanne Venker
- *É Isto um Homem?* – Primo Levi
- *O Jeitinho Brasileiro* – Lívia Barbosa
- *A Era do Ressentimento* – Luiz Felipe Pondé
- *A Técnica e o Riso* – Roberto Campos
- *Repensar a Educação* – Inger Enkvist
- *Nunca Antes na Diplomacia...* – Paulo Roberto de Almeida
- *Não É a Mamãe* – Guilherme Fiuza
- *O Misantropo* – Molière
- *Not with a Bang but a Whimper* – Theodore Dalrymple
- *Sob Pressão* – Marcio Maranhão
- *Contra a Perfeição* – Michael Sandel
- *O Nobre Deputado* – Márlon Reis
- *Rasselas, Prince of Abyssinia* – Samuel Johnson
- *Um País Chamado Favela* – Renato Meirelles & Celso Athayde
- *A Busca pela Imortalidade* – John Gray
- *Os Piores Dias de Minha Vida Foram Todos* – Evandro Affonso Ferreira
- *Caráter e Liderança* – Luiz Felipe D'Ávila
- *Oeste: A Guerra do Jogo do Bicho* – Alexandre Fraga
- *A Ilha do Dr. Moreau* – H. G. Wells
- *Extinção* – Thomas Bernhard
- *Tudo ou Nada* – Malu Gaspar
- *A Balada de Adam Henry* – Ian McEwan

2015

- *Amsterdam* – Ian McEwan
- *Facial Justice* – L. P. Hartley
- *A Estratégia para Derrotar o PT* – Maurício Coelho & Cristiano Penido
- *Why the Jews?* – Dennis Prager & Joseph Telushkin
- *Start-Up Nation: The Story of Israel's Economic Miracle* – Dan Senor & Saul Singer
- *Um Lugar Chamado Liberdade* – Ken Follett
- *Mundo em Crise* – Diogo Ramos Coelho
- *Pare de Acreditar no Governo* – Bruno Garschagen
- *Os Judeus e as Palavras* – Amós Oz & Fania Oz-Salzberger
- *Pensadores da Nova Esquerda* – Roger Scruton
- *Professor Não É Educador* – Armindo Moreira
- *Mauá: Paradoxo de um Visionário* – vários autores
- *Mentiram para Mim sobre o Desarmamento* – Flavio Quintela & Bene Barbosa
- *Notas sobre a Definição de Cultura* - T. S. Eliot
- *O Empreendedorismo de Israel Kirzner* – Adriano Gianturco
- *Da Produção de Segurança* – Gustave de Molinari
- *A Dignidade Ultrajada* – Kátia Simone Benedetti
- *Educação Física e Regime Militar* – Alessandro Barreta Garcia
- *Submissão* – Michel Houellebecq
- *The Professors* – David Horowitz

AUTOBIOGRAFIA DE UM GUERREIRO DA LIBERDADE

- *A Abolição do Homem* – C. S. Lewis
- *The Beautiful Tree* – James Tooley
- *Por Trás da Mascara* – Flavio Morgenstern
- *Educação: Ajudar a Pensar, Sim; Conscientizar, Não* – Dom Lourenço de Almeida Prado
- *The Smartest Kids in the World* – Amanda Ripley
- *Called Home* – Karen DeBeus
- *Don't Waste Your Time Homeschooling* – Traci Matt
- *Pedagogia da Autonomia* – Paulo Freire
- *Explaining Postmodernism* – Stephen Hicks
- *The Conservative Heart* – Arthur Brooks
- *End of Discussion* – Mary Katharine Ham & Guy Benson
- *O que é a Escolha Pública?* – André Azevedo Alves & José Manuel Moreira
- *Culture Counts* – Roger Scruton
- *JFK, Conservative* – Ira Stoll
- *Os Dez Mandamentos (+ Um)* – Luiz Felipe Pondé
- *Liberalism: The Life of an Idea* – Edmund Fawcett
- *Em Busca do Rigor e da Misericórdia* – Lobão
- *Russell Kirk: O Peregrino na Terra Desolada* – Alex Catharino
- *Homo Sovieticus* – Alexander Zinoviev
- *No Fio da Navalha* – José Júnior & Luis Erlanger
- *The Silent Revolution* – Barry Rubin
- *Número Zero* – Umberto Eco
- *Roger Ailes: Off Camera* – Ze'ev Chafets

2016

- *Elon Musk: Tesla, SpaceX, and the Quest for a Fantastic Future* – Ashlee Vance
- *O Outro Lado do Feminismo* – Suzanne Venker & Phyllis Schlafly
- *O Liberalismo Antigo e Moderno* – José Guilherme Merquior
- *On Inequality* – Harry Frankfurt
- *Comunidade Progresso* – João César de Melo
- *Time to Get Tough* – Donald Trump
- *White Girl Bleed a Lot* – Colin Flaherty
- *The Revolt of the Elites and the Betrayal of Democracy* – Christopher Lasch
- *Scandinavian Unexceptionalism* – Nima Sanandaji
- *New Zealand's Far-Reaching Reforms* – Bill Frezza
- *The Decline and Fall of California* – Victor Davis Hanson
- *Que Horas Ela Vai?* – Guilherme Fiuza
- *Leftism* – Erik von Ritter
- *Minha querida Sputinik* – Haruki Murakami
- *Polígono das secas* – Diogo Mainardi
- *Juventude* – Joseph Conrad
- *Believe and Destroy: Intellectuals in the SS War Machine* – Christian Ingrao
- *Less Than Human* – David Livingstone Smith
- *The Crusades* – Abigail Archer
- *A Imaginação Totalitária* – Francisco Razzo

AUTOBIOGRAFIA DE UM GUERREIRO DA LIBERDADE

- *Do Comunismo: O Destino de uma Religião Política* – Vladimir Tismăneanu
- *Women in the Middle Ages* – Joseph & Frances Gies
- *Two Murders in My Double Life* – Josef Skvorecky
- *Defeating Jihad* – Dr. Sebastian Gorka
- *Zeno's Conscience* – Italo Svevo
- *The War on Cops* – Heather Mac Donald
- *The Myth of Meritocracy* – James Bloodworth
- *Um Estudo em Vermelho* – *Sir* Arthur Conan Doyle
- *A Utilidade do Inútil: um Manifesto* – Nuccio Ordine
- *Admirable Evasions* – Theodore Dalrymple
- *Filosofia para Corajosos* – Luiz Felipe Pondé
- *My Brilliant Friend* – Elena Ferrante
- *The Story of a New Name* – Elena Ferrante
- *Trópicos Utópicos* – Eduardo Giannetti
- *Those Who Leave and Those Who Stay* – Elena Ferrante
- *The Low Countries: A History* – Anthony Bailey
- *The Story of the Lost Child* – Elena Ferrante
- *Troubling Love* – Elena Ferrante
- *About Education* – C. E. M. Joad
- *Nutshell* – Ian McEwan
- *Dias de Abandono* – Elena Ferrante
- *Educação para a Democracia* – Dom Lourenço de Almeida Prado
- *The Bed of Procrustes* – Nassim Nocholas Taleb

- *Cinco Esquinas* – Mario Vargas Llosa
- *Fora da Curva* – Vários autores
- *Belgravia* – Julian Fellowes
- *The Transparency Society* – Byung-Chul Han
- *O Império do Oprimido* – Guilherme Fiuza
- *The New Vichy Syndrome* – Theodore Dalrymple
- *Entre o Monstro e o Santo* – Richard Holloway
- *Filho de Deus* – Comarc McCarthy
- *Como Ser um Conservador* – Roger Scruton
- *Envy* – Joseph Epstein
- *Cristianismo Puro e Simples* – C. S. Lewis

2017

- *Um Cântico para Leibowitz* – Walter Miller
- *O Antigo Regime e a Revolução* – Alexis de Tocqueville
- *The Welfare of Nations* – James Bartholomew
- *¡Adios, America!* – Ann Coulter
- *Investigação Filosófica sobre a Origem de Nossas Ideias do Sublime e da Beleza* – Edmund Burke
- *Athens, Rome, and England: America's Constitutional Heritage* – Matthew Pauley
- *A Beleza Salvará o Mundo* – Gregory Wolfe
- *The Man Who Was Thursday* – G. K. Chesterton
- *Reagan* – Brett Harper

AUTOBIOGRAFIA DE UM GUERREIRO DA LIBERDADE

- *Rules of Civility* – Amor Towles
- *Unlearning Liberty* – Greg Lukianoff
- *The Great Debate* – Yuval Levin
- *Big Agenda* – David Horowitz
- *Morte em Veneza* – Thomas Mann
- *A Grande Degeneração* – Niall Ferguson
- *O Homem Eterno* – G. K. Chesterton
- *Os Caminhos para a Modernidade* – Gertrude Himmelfarb
- *A Sociedade dos Indivíduos* – Norbert Elias
- *10 Mandamentos: Do País que Somos para o Brasil que Queremos* – Luiz Felipe D'Ávila
- *None Dare Call It Conspiracy* – Gary Allen & Larry Abraham
- *The Shipwrecked Mind* – Mark Lilla
- *On Tyranny* – Timothy Snyder
- *The Righteous Mind* – Jonathan Haidt
- *The Father of Us All* – Victor Davis Hanson
- *The Closing of the Liberal Mind* – Kim R. Holmes
- *The Evolution of the West* – Nick Spencer
- *Beyond Democracy* – Frank Karsten & Karel Beckman
- *One Nation, Two Cultures* – Gertrude Himmelfarb
- *The Retreat of Western Liberalism* – Edward Luce
- *Endurance: Shackleton's Incredible Voyage* – Alfred Lansing
- *Uma Breve História da Europa* – Jacques Le Goff
- *The Once and Future Liberal* – Mark Lilla

- *Barbarians: How Baby Boomers, Immigration, and Islam Screwed my Generation* – Lauren Southern
- *O Segredo da Dinamarca* – Helen Russell
- *A Corrupção da Inteligência* – Flávio Gordon
- *The Conscience of a Conservative* – Barry Goldwater
- *The Big Lie* – Dinesh D'Souza
- *Money, Greed and God* – Jay W. Richards
- *Threats of Pain and Ruin* – Theodore Dalrymple
- *A Tragicomédia Acadêmica* – Yuri Vieira
- *100 Best-Loved Poems* – Philip Smith
- *A Sábia Ingenuidade de Dr. João Pinto Grande* – Yuri Vieira
- *A Mente Imprudente* – Mark Lilla
- *What's Wrong with the World* – G. K. Chesterton
- *A Tradutora* – Cristovão Tezza

2018

- *Heretics* – G. K. Chesterton
- *The Long Goodbye* – Raymond Chandler
- *The Big Sleep* – Raymond Chandler
- *12 Rules for Life* – Jordan B. Peterson
- *Rape Culture Hysteria* – Wendy McElroy
- *A Euforia Perpétua* – Pascal Bruckner
- *God, Freedom, and Evil* – Alvin Plantinga
- *George Washington: The Founding Father* – Paul Johnson

AUTOBIOGRAFIA DE UM GUERREIRO DA LIBERDADE

- *Ensaios: Livro 1* – Michel de Montaigne
- *Where We Are* – Roger Scruton
- *Mussolini's Intellectuals* – James Gregor
- *The Knife Went In* – Theodore Dalrymple
- *Levanta e Anda* – Roberto Motta
- *Churchill & Orwell: The Fight For Freedom* – Thomas Ricks
- *The Populist Explosion* – John Judis
- *Gift From the Sea* – Anne Morrow Lindbergh
- *The Myth of the Andalusian Paradise* – Darío Fernández-Morera
- *Discrimination and Disparities* – Thomas Sowell
- *Amor para Corajosos* – Luiz Felipe Pondé
- *Sapiens: A Brief History of Humankind* – Yuval Noah Harari
- *Let There Be Water* – Seth Siegel
- *Agradeça aos Agrotóxicos por Estar Vivo* – Nicholas Vital
- *The Treason of the Intellectuals* – Julien Benda
- *The Bonfire of Vanities* – Tom Wolfe
- *The Screwtape Letters* – C. S. Lewis
- *Suicide of the West* – Jonah Goldberg
- *Nothing Is Impossible* – Christopher Reeve
- *Espiritualidade para Corajosos* – Luiz Felipe Pondé
- *The Hero With a Thousand Faces* – Joseph Campbell
- *Brief Encounters with Che Guevara* – Ben Fountain

2019

- *A Grande Mentira* – Ricardo Vélez-Rodriguez
- *The Kingdom of Speech* – Tom Wolfe
- *O Prazer de Pensar* – Theodore Dalrymple
- *The Right Side of History* – Ben Shapiro
- *O Poder das Ideias* – Carlos Lacerda
- *The Diversity Delusion* – Heather Mac Donald
- *Rise: In Defense of Judeo-Christian Values and Freedom* – Brigitte Gabriel
- *National Populism: The Revolt Against Liberal Democracy* – Roger Eatwell & Matthew Goodwin
- *Retorno a 64* – Suzana Mag
- *The Dollarization Debate* – Vários autores
- *Machines Like Me* – Ian McEwan
- *The Case for Trump* – Victor Davis Hanson
- *A Dignidade do Homem* – Pico Della Mirandola
- *Unfreedom of the Press* – Mark Levin
- *O Beijo no Asfalto* – Nelson Rodrigues
- *Como Aprendi a Pensar* – Luiz Felipe Pondé
- *The Assault on American Excellence* – Anthony Kronman
- *The Limits of Liberalism* – Mark Mitchell
- *Scalia Speaks* – Antonin Scalia
- *Os Deuses da Revolução* – Christopher Dawson
- *Woke: A Guide to Social Justice* – Titania McGrath

- *Ao Sondar o Abismo* – Gertrude Himmelfarb
- *A Última Noite do Mundo* – C. S. Lewis
- *The rise of populism* – Stephen Bannon vs David Frum
- *O Ignorado* – Ângelo Monteiro
- *Tarde Demais para Pedir Bom Senso* – Joselito Muller

2020

- *O Chamado da Tribo* – Mario Vargas Llosa
- *Tribe: On Homecoming and Belonging* – Sebastian Junger
- *O Multiculturalismo como Religião Política* – Mathieu Bock-Côté
- *The Moral Imagination* – Gertude Himmelfarb
- *Snobs* – Julian Fellowes
- *Resistance (At All Costs)* – Kimberley Strassell
- *With All Due Respect* – Nikki Haley
- *A peste* – Albert Camus
- *Reason, Faith and the Struggle for Western Civilization* – Samuel Gregg
- *Church of Cowards* – Matt Walsh
- *Last Exit to Utopia* – Jean-François Revel
- *O Presidente, o Papa e a Primeira-Ministra* – John O'Sullivan
- *A Filosofia Política de Edmund Burke* – Ivone Moreira
- *The Coddling of the American Mind* – Greg Lukianoff & Jonathan Haidt

- *The Totalitarian Temptation* – Jean-François Revel
- *Intellectuals and Society* – Thomas Sowell
- *O Chamado Empreendedor* – Robert Sirico
- *Why Liberalism Failed* – Patrick Deneen
- *The Price of Panic* – Douglas Axe, William Briggs & Jay Richards
- *Mapas do Significado* – Jordan B. Peterson
- *The Woke Supremacy* – Evan Sayet

2021

- *The Biggest Bluff* – Maria Konnikova
- *The New Class War* – Michael Lind
- *Fauci: The Bernie Madoff of Science* – Charles Ortleb
- *Blackout* – Candace Owens
- *Free Speech and Why It Matters* – Andrew Doyle
- *Fortitude* – Dan Crenshaw
- *The Manipulators* – Peter Hasson
- *The case against the new censorship* – Alan Dershowitz
- *Beyond Order: 12 More Rules For Life* – Jordan B. Peterson
- *Inventing Freedom* – Daniel Hannan

2022

- *The Dying Citizen* – Victor Davis Hanson
- *Glock: The Rise of America's Gun* – Paul M. Barrett
- *Aristotle's Way* – Edith Hall
- *Well Versed* – James Garlow
- *San Fransicko: Why Progressives Ruin Cities* – Michael Shellenberger
- *Divine Plan* – Paul Kengor & Robert Orlando
- *Don't Burn This Country* – Dave Rubin
- *How to Destroy Western Civilization* – Peter Kreeft
- *No Apologies* – Anthony Esolen
- *Uma Rosa Só* – Muriel Barbery
- *As Bênçãos do Meu Avô* – Rachel Naomi Remen
- *The Five Love Languages* – Gary Chapman
- *The War on West* – Douglas Murray
- *Righteous Indignation* – Andrew Breitbart
- *A Vitória da Razão* – Rodney Stark

###

Como fica claro, trata-se do samba do crioulo doido. Tem literatura clássica no meio de livros sobre economia, com pitadas de filosofia, alguns mais científicos que depois mudam abruptamente para humor ou história. O tempo é escasso, mas a sede por conhecimento é infinita. Há tanta coisa boa para ler! E tantos clássicos que ainda não tive o tempo de degustar. Mas como podemos julgar alguém mais pelos atos do que pelas palavras, aí estão meus reais interesses, creio. E os autores que mais se repetem só podem ser aqueles que mais me atraíram. Mises e Hayek, da Escola Austríaca, Ayn Rand e seu Objetivismo que marcou uma fase da minha vida, Vargas Llosa como romancista, Theodore Dalrymple como um observador ímpar da natureza humana e das doenças sociais modernas etc.

Ler é tudo de bom! Espero ter mais tempo agora para retomar o ritmo do passado, quando chegava a devorar uns cinco livros por mês. A todos vocês, desejo ótimas leituras também!

A LVM também recomenda

LUÍS ERNESTO

LACOMBE

101 CRÔNICAS
escolhidas

LVM
EDITORA

Lacombe em seu melhor estilo cronista,
com textos elegantes, agudos e
corajosos. Aqui há mais de 101 motivos
para ler "101 crônicas escolhidas".

Acompanhe a LVM Editora nas Redes Sociais

📘 https://www.facebook.com/LVMeditora/

📷 https://www.instagram.com/lvmeditora/

Esta edição foi preparada pela LVM Editora
com tipografia Baskerville e Gotham,
em julho de 2023.